神さまのおはなし畑

聖書解説＆例話

日本聖書協会
キリスト教視聴覚センター
（AVACO）

本書の特徴

福音書を中心に

本書は福音書を中心に構成し、神さまの愛とイエスさまのご生涯、そしてイエスさまに出会って変えられていった人たちのお話を学ぶ内容になっています。

なお旧約聖書からもお話を取り上げており、聖書の大きな流れを学ぶことができます。

分かりやすい聖書解説と子どもに伝わる例話

執筆者は、子どもたちに実際に聖書のお話をする経験を豊富におもちの方々です。聖書箇所の神学的な解説とあわせて、子どもたちに伝える際のポイント、子どもの気持ちや生活にそった例話を掲載しています。例話の主な対象は幼稚科の子どもたちです。小学科の子どもたちには、内容をアレンジしてお用いください。例話では、聖書に記載のない脚色を施している場合があります。

AVACOの聖句カード&カード帳もいっしょに

AVACOでは、聖句とイラストで構成した聖句カードを発行しており、本書で取り上げている聖句箇所も複数採用しています。

聖句カードはハガキ1/4～1/2サイズがあります。

本書の聖句箇所と合致するカードは、聖句カード発売時に随時ご案内していますのでご確認くださいますようお願い申し上げます。

また、カードを貼るための専用のカード帳も発行しています。ぜひこれらの教材もあわせてお用いください。

文中の聖書引用箇所の表記について

ページ中の聖書箇所から引用 ……………………………………………………(節)
ページ中の聖書箇所の同書から引用 ………………………………… (章・節)
ページ中の聖書箇所でない箇所から引用 …………………… (書名・章・節)

目次

94〜101ページ／初出「おはなしがいっぱい10」（2003年刊）
102〜109ページ／初出「おはなしがいっぱい9」（2002年刊）
※一部修正して掲載しています

主の晩餐

文／大嶋果織

聖書は新共同訳／《 》は聖書協会共同訳

聖書箇所

マタイによる福音書 26 章 26 節～ 30 節

暗唱聖句

取って食べなさい。これはわたしの体である。

《取って食べなさい。これは私の体である。》

マタイによる福音書 26 章 26 節

聖書解説

今回の聖書箇所は次のように始まります。「一同が食事をしているとき、イエスはパンを取り、賛美の祈りを唱えて、それを裂き、弟子たちに与えながら言われた。『取って食べなさい。これはわたしの体である。』」（26節）

この時の食事は、ユダヤ教の「過越祭《すぎこしさい》」の食事。その進め方にはルールがありました。ルールの中には、パンを裂くという行為はありましたが、「パンがわたしの体である」という言葉はありません。

え？　今なんて言ったの？　パンがイエスの体だって？　思いがけない言葉に弟子たちは驚いたことでしょう。

次にイエスさまは杯を取り、感謝の祈りを唱え、弟子たちに渡して言われました。「皆、この杯から飲みなさい。これは、罪が赦されるように、多くの人のために流されるわたしの血、契約の血である。」（27～28節）と。

食事のルールには、ぶどう酒を回し飲みするというものもありました。しかし、この言葉は聞いたことがありません。弟子たちは、ギョっとしたのではないでしょうか。

「ぶどう酒がイエスの血だって？」

「イエスの血が流されるって、どういうこと？」

いったいイエスさまは何を言いたかったのでしょうか。こんなふうに言いたかったのではないかとわたしは思います。

――わたしの体は十字架上でこのパンのように引き裂かれ、赤い血がこのぶどう酒のように流れ出る。しかし、それは悲しいことではない。人間の罪の赦しのためなのだ――。

ユダヤ教には「犠牲の小羊」という考え方がありました。傷のない小羊に人間の罪を背負わせ、それを生贄《いけにえ》にすることで神さまに罪を赦してもらうというものです。そもそも過越祭は、犠牲の小羊の血によってイスラエルの民が救われたことを記念する祭でした。その食卓だったからこそ、イエスさまはパンとぶどう酒を使って、自分が犠牲の小羊のように人間の罪を背負って十字架上で死ぬことを予告されたのではないでしょうか。

ずっと後になって弟子たちはこの時のことを思い出します。

そうだ、わたしたちを愛してくださったイエスさまは、わたしたちの罪を背負って十字架上で死んでくださった。だから、あの時のように、イエスさまの体を象徴するパンを食べ、ぶどう酒を飲んでイエスさまを思い出そう。イエスさまの愛をわたしたちの血肉にしよう。

今でもキリスト教会では、パンとぶどう酒を使った儀式を大切にしています。

お話の例

お祭りの夜でした。イエスさまはお弟子さんたちと一緒に晩ご飯を食べていました。

何のお祭りだったのでしょう。それは、神さまがイスラエルの人たちを助けてくださったことを思いだし、感謝するお祭りでした。（過越の祭りと言います）

お祭りなので、特別なごちそうが並んでいます。苦い野菜、焼いた小羊の肉、ぺちゃんこのパン。どうしてでしょう。

まず、苦い野菜です。（パセリ、セロリなどを見せる）なぜ、お祭りで苦い野菜を食べるのでしょう。それは、奴隷になって苦しんでいた昔を思い出すためです。イスラエルの人たちは昔、エジプトの国で奴隷になっていじめられていました。あの時は本当に辛かった。その苦しみを思い出すために、苦い野菜を食べるのです。

神さまは、苦しんでいるイスラエルの人たちに言いました。「みんなを逃がしてあげよう。助けてほしい人は、羊の血を家の門に塗りなさい。それが目印です。」こうして神さまは門に羊の血が塗ってあるお家の人たちをエジプトの国から逃がしてあげました。そのことを思い出すために、お祭りでは焼いた羊の肉を食べるのです。（ラム肉のロースト等の写真を見せる）

さて、イスラエルの人たちはとても急いでいました。「早く逃げないと捕まってしまう。急げ急げ。パンを膨らませているヒマはない。」人々はぺちゃんこのパンを持って逃げました。（小麦粉と水をまぜてフライパンで焼いたもの＝〝種なしパン〟を見せる）そのことを思い出すために、お祭りではぺちゃんこのパンを食べるのです。

お祭りのごちそうを食べているとき、イエスさまはお弟子さんたちに言いました。「これが、みんなと食べる最後のご飯だ。わたしはもうすぐ十字架につけられて死ぬ。そして復活する。」

びっくりしているお弟子さんたちにイエスさまは、ぺちゃんこのパンを分けて言いました。「取って食べなさい。これはわたしの体です。」そして、ぶどう酒の入ったコップをお弟子さんたちに渡して言いました。「取って飲みなさい。これはわたしが十字架で流す血です。」

（★絵本Aを開いて見せながら／活動のアイディア参照。以下同じ）ほら、こんなふうにイエスさまはみんなにパンを分けています。お弟子さんたちは何と言っているでしょうか。

「イエスさまが十字架につけられて死んでしまう？　うそでしょう？」「そんなの、いやだ。」「イエスさま、行かないで。」いろんな声が聞こえてきますね。

お弟子さんは悲しい気持ちで、イエスさまが分けてくれたパンを食べ、ぶどう酒を飲みました。

このお祭りのあと、イエスさまは本当に十字架につけられて死に、そして本当に復活されました。そして最後は、神さまのもとに帰って行かれました。

その時になってお弟子さんたちは、あの時のパンとぶどう酒の味を思い出したのです。そして言いました。「みんな、パンとぶどう酒を分け合って食べよう。そして、イエスさまのことを思い出そう。」ほら、こんなふうに。（★絵本Bを見せる）

今でも、イエスさまが大好きな人たちは、パンとぶどうジュースを分け合って、イエスさまのことを思い出しています。

活動のアイディア

①おすすめ教材
苦みのある野菜（本来は西洋わさびの葉らしい）、小麦粉を水で溶いてフライパンで焼いたもの（種なしパン）、焼いたラム肉、ぶどうジュースの入ったコップ等、お話の中に出てくるもの。

★絵本A／みんなの聖書絵本シリーズ12『十字架の道』3

★絵本B／みんなの聖書絵本シリーズ26『教会のはじまり』8

（あるもので工夫しよう。絵本も手持ちの紙芝居や絵本、絵や写真でもよい）

②アイディア／みんなでパンとぶどうジュースを飲んで、イエスさまのことを思い出そう。

ゲッセマネの祈り

文／大嶋果織

聖書は新共同訳／《 》は聖書協会共同訳

聖書箇所

ルカによる福音書 22 章 39 節〜 46 節

暗唱聖句

父よ、御心なら、この杯をわたしから取りのけてください。

《父よ、御心なら、この杯を私から取りのけてください。》

ルカによる福音書 22 章 42 節

聖書解説

弟子たちとの最後の食事をすませたイエスさまは、オリーブ山へむかいました。そこにはイエスさまが好んで過ごす「いつもの場所」(40節)がありました。「ゲッセマネ」です。(アラム語で「油搾り」という意味)エルサレム滞在中のイエスさまは、昼間は神殿で人々に教え、夜はゲッセマネの園で過ごすのが通例でした(21・37)。

ゲッセマネに到着したイエスさまは弟子たちに、「誘惑に陥らないように祈りなさい」(40節)と言い残し、自分は少し離れたところに移動して、ひざまずいて祈ります。「父よ、御心なら、この杯をわたしから取りのけてください。しかし、わたしの願いではなく、御心のままに行ってください。」(42節)と。

取りのけてほしい「この杯」とはなんでしょう。それは十字架の死のことでしょう。自分が捕らえられ、十字架につけられて殺される……。そこには人間が味わうすべての苦しみがあるだろうことは予想できました。それだけではありません。イエスさまの十字架の意味は、人間の罪をすべて背負って死ぬことです。それは神さまの怒りを一身に受けることであり、ついには神さまに見捨てられることでもあるのです。そんな恐ろしい未来へと、どうして進んで行くことができるでしょう。だから、そんな苦しみの「杯」は取りのけてほしいとイエスさまは祈ったのです。

たぶんイエスさまの本心は、この苦杯を取りのけてもらうことだったのでしょう。しかし、イエスさまは、それが神さまの御心ではないことも知っていました。それでも、「御心なら、取りのけて」と祈らざるを得ないのです。イエスさまの深い葛藤が伝わってくる祈りです。

そんなイエスさまを力づけたのは「天使」でした(43節)。「天」は神さまの住まいです。つまり、神の力が働いて、イエスさまを励ましたのです。しかし、イエスさまの苦悩は深まるばかり。「イエスは苦しみもだえ、いよいよ切に祈られた。汗が血の滴るように地面に落ちた」(44節)と聖書は伝えています。どれだけの時間が経ったでしょう。ついにイエスさまは祈りを終え、立ち上がります。イエスさまは顔を上げ、天を見つめていたことでしょう。御心を求めて祈る時、神さまは力を与えてくださるのです。

一方の弟子たちはどうでしょう。弟子たちはなんと、「悲しみの果てに眠り込んで」(45節)いました。イエスさまはがっかりしたに違いありません。そして目を覚ました弟子たちは自分たちの不甲斐なさを恥じたでしょう。弟子たちの心に「起きて祈っていなさい」というイエスさまの言葉がずしんと響きました。

お話の例

みんな、お祈りすること、ありますか。また、お祈りする時、どんなときにお祈りしますか。どんな気持ちかな。（みんなの声を聞いて受け止める。また、「楽しい」「どきどきする」「静かなきもちになる」など、「自身の場合」も話そう）

イエスさまもお祈りをしました。お弟子さんたちと一緒にお祈りすることもありましたし、一人でお祈りすることもありました。この絵は、イエスさまが一人でお祈りしているところです。（★絵本左ページを見せる。右ページは隠しておく／活動のアイディア参照。以下同じ）

イエスさまは何をお祈りしているのでしょう。額にしわがよっています。額には血のように赤いしずくがついています。これは汗です。そう、このお祈りの時、イエスさまはとても苦しんでいました。だから、血のような汗がでたのです。

この時、イエスさまの心は悲鳴を上げていました。「嫌だ、嫌だ、神さま、助けてください。」こんなふうに、必死で助けを求めていたのです。

何が嫌だったのでしょう。十字架につけられるのが嫌だったのです。だって、ものすごく痛いのは目に見えています。そればかりか、みんなの見世物になるのです。そして最後は死んでしまうのです。死んだあと復活することは分かっているけれど、それなら、死ぬ必要などないでしょう。ずっと生きていればいいことです。

だからイエスさまは、神さまにお願いしました。「どうか、わたしを苦しい目にあわせないでください」と。ただ、その時、イエスさまは「御心ならば」というのを忘れませんでした。

「御心」って神さまのお考えです。「どうか、わたしを苦しい目にあわせないでください。でも、わたしを苦しい目にあわせるのが神さまの御心なら、しかたありません。そのようにします……。」そう祈ったものの、やっぱり嫌です。だからイエスさまは、どんどん苦しくなっていきました。

でもイエスさまは、お祈りするのをやめませんでした。神さまの声を一生懸命、聞こうとしたのです。すると、天使が現れてイエスさまに語りかけました。天使はなんと言ったでしょう。ちょっと考えてみましょう。

例えば、みんなが嫌でたまらないことってなんですか。お風呂で頭を洗うこと？　にんじんを食べなきゃいけない時？　わたしの場合は、朝早く起きなきゃいけないのが嫌です。（子どもたちの声を聞きながら、自由に）

そんな時、お友だちやお家の人になんて言ってもらったら、うれしいかな。「ほんとに嫌だよね」「一緒に食べよう」「一緒に頑張ろう」「わたしも嫌だよ」「逃げろ。」（子どもたちの声を聞きながら、自由に）

いろんな言葉がありますね。どんな言葉でも、声を掛けてもらえたらうれしいよね。天使もイエスさまに、いろんなことを言いました。もしかしたら、背中をさすってくれたかもしれません。そのうちに、イエスさまはだんだん元気になっていきました。天使がイエスさまに神さまからのエネルギーを運んでくれたのです。

こうしてついにイエスさまは立ち上がりました。神さまの御心に従おう。たとえ十字架につけられることになっても。そんなふうに思えるようになったのです。

立ち上がったイエスさまがふと見ると……。なんと、お弟子さんたちは眠りこけていました。（★絵本の右ページを見せる）イエスさまはお弟子さんたちに何と言ったでしょう。（子どもたちの意見を聞く）

そう、「起きて、お祈りしなさい」ですね。

さあ、わたしたちもお祈りしましょう。

活動のアイディア

おすすめ教材

★絵本 みんなの聖書絵本シリーズ12『十字架の道』4

（あるもので工夫しよう。手持ちの紙芝居や絵画でもよい。）

エマオで現れる

文／大嶋果織

聖書は新共同訳／《 》は聖書協会共同訳

聖書箇所

ルカによる福音書 24 章 13 節〜 35 節

暗唱聖句

聖書を説明してくださったとき、わたしたちの心は燃えていたではないか

《聖書を説き明かしながら、お話しくださったとき、私たちの心は燃えていたではないか。》

ルカによる福音書 24 章 32 節

聖書解説

イエスさまの無残な死から三日目のことでした。二人の弟子が、エルサレムから※12キロメートルほど離れたエマオという村にむかって歩いていました。彼らは、その日の朝、女たちが空っぽの墓を発見したこと、天使たちが女たちに「イエスは生きておられる」と告げたことを聞いていました。しかしそれがいったい何を意味するのか分からず、道々議論していたのでした。

そんな二人と並んで、イエスさまが歩き始めます。しかし、二人にはそれがイエスさまであることが分かりませんでした。二人の目が「遮られて」(16節)いたからです。

道すがらのイエスさまとの会話が魅力的だったのでしょう。エマオ村についた二人は、「一緒に泊まってください、そろそろ夕方になりますから」とイエスさまを無理に引き留めます。そして、一緒に食事をするのです。

食事の席でイエスさまはパンを取り、賛美の祈りを唱え、パンを裂いて二人に渡しました。その時、二人の「目が開け」(31節)、その人がイエスさまだと分かりましたが、同時にイエスさまの姿は見えなくなりました。

二人は言いました。「道で話しておられるとき、また聖書を説明してくださったとき、わたしたちの心は燃えていたではないか」(32節)と。そして大急ぎでエルサレムに戻り、他の弟子たちと合流したのです。

不思議な話です。なぜ、二人は最初、イエスさまが分からなかったのでしょうか。そして、なぜ、分かるようになったのでしょう。言い換えれば、何が彼らの目を遮り、何が彼らの目を開いたのでしょうか。それは、メシア(救い主)をどう理解するかということに関係していると思います。

二人は最初、イエスさまについて次のように考えていました。「神と民全体の前で、行いにも言葉にも力のある預言者でした。」(19節)「わたしたちは、あの方こそイスラエルを解放してくださると望みをかけていました。」(21節)。つまり二人の弟子にとって、イエスさまは「力」でイスラエルを解放する英雄としてのメシアだったのです。そう思っているうちは、イエスさまが分かりませんでした。

しかし、イエスさまがパンを裂き、それを分け与えるのを見て彼らは気が付いたのです。イエスさまは自らが犠牲になって人間の罪を引き受け、それによって人間を罪から解放してくださるメシアなのだと。

イエスさまとは誰かが分かったとき、二人は目の前の男がイエスさまと分かりました。しかし同時に、もはや姿が見えるかどうかは重要ではなくなったので、その姿は見えなくなったのです。

お話の例

クレオパさんはイエスさまのことが大好き。いつも友だちに自慢していました。

「俺たちの先生を見ろよ。かっこいいんだぜ。この前なんか、子どもが持ってきた五つのパンと二匹の魚で、たくさんの人たちをお腹いっぱいにしたんだ。みんな、お腹を空かせてペコペコだったから、大喜びだった。イエスさまは弱い者の味方なのさ。」

　ところが、そのイエスさまが殺されてしまったのです。それも十字架につけられて。

　クレオパさんはショックでした。イエスさまなら、悪いやつをやっつけてくれると信じていたのに、反対にやっつけられてしまうなんて。クレオパさんは悔しくてたまりません。これからどうしよう。クレオパさんは頭を抱えました。

　……そうだ、ふるさとに帰ろうとクレオパさんは思いました。なつかしいふるさとで、羊飼いの仕事をしよう。俺には羊飼いが似合っている。

　ふるさとに帰ることにしたクレオパさんが、友だちと一緒にエルサレムの町を出発しようとしたときです。向こうから、マリアさんが息せき切って走ってきました。「大変です。イエスさまが復活されました。」

　「そんなばかな」とクレオパさんは思いました。「死んだ人が復活するはずがないじゃないか。」

　でも、マリアさんは譲りません。「朝早くお墓にいったら、イエスさまのお体が見つかりません。わたしたちが慌てていると、天使が現れて、イエスさまは生きておられるというのです。」

「何を寝ぼけたことを言っているんだ。」クレオパさんはマリアさんを押しのけて、友だちに言いました。「さあ、行こう。」

　クレオパさんは友だちとどんどん歩いていきました。エルサレムの町はもう振り返っても見えません。そうすると、なんだか気になってきたのです。マリアさんの言ったことが。

　クレオパさんはつぶやきます。「イエスさまが復活されたって、本当かなあ。」友だちが答えます。「まさか、そんなこと、あるはずないだろ。」「そうだよねえ。」

　二人がぶつぶつ話をしていると、いつの間にか見知らぬ男の人が一緒に歩いていました。「何を話しているのですか」と男の人が尋ねます。そこでクレオパさんはこれまでのことを話して聞かせました。

　すると男の人は言うのです「あなたは聖書のことを何も知らないのですね。聖書には、救い主はヒーローだなんて書いてありませんよ。救い主は、人々の苦しみを知って、自分も苦しむ人なのです。」

　クレオパさんは訳が分かりませんでしたが、その男の人が好きになりました。そこで男の人に、わたしたちと晩ご飯を食べてくれませんかと頼みます。こうして三人は、エマオ村の宿屋で食事の席につきました。

　食事が始まると、男の人がパンを手に取って感謝のお祈りをし、そのパンを二人に分けました。その時、わあっとクレオパさんが叫びました。（★絵本の右ページの絵を見せる／活動のアイディア参照。以下同じ）「イエスさま！」

　そうです。見知らぬ男の人はイエスさまだったのです。そのとたん、イエスさまの姿は見えなくなってしまいました。（★絵本を下げる）

　クレオパさんは言いました。「そうか、分かったよ。イエスさまは、苦しむ人の苦しみを背負ってくれる救い主なんだ。」そして立ち上がって友だちに言いました。「さあ、エルサレムに帰ろう。イエスさまが復活されたことをみんなに知らせなきゃ。」二人は大急ぎでエルサレムに戻っていきました。マリアさんたちが大喜びしたのは言うまでもありません。

活動のアイディア

おすすめ教材
★絵本　みんなの聖書絵本シリーズ26『教会のはじまり』2

※12キロメートル＝徒歩で約二時間半、幼児なら三時間以上の距離

復　活

文／大嶋果織

聖書は新共同訳／《 》は聖書協会共同訳

聖書箇所

ヨハネによる福音書 11 章 17 節～ 27 節

暗唱聖句

わたしは復活であり、命である。

《私は復活であり、命である。》

ヨハネによる福音書 11 章 25 節

聖書解説

今回の聖書箇所は、復活をめぐる問答です。

ある時、イエスさまはマルタとマリアという姉妹から、彼女たちの兄弟ラザロが病気だという知らせを受けます。のちにマルタはイエスさまに、「あなたが神にお願いになることは何でも神はかなえてくださると、わたしは今でも承知しています。」（22節）と言っていますから、イエスさまの言葉があればラザロは回復すると二人は信じていたのでしょう。しかし、イエスさまはなかなかやってきません。ようやく到着した時には、ラザロは死んで墓に葬られて4日目になっていました。

イエスさまを迎えに出たマルタは言います。「主よ、もしここにいてくださいましたら、わたしの兄弟は死ななかったでしょうに。」（21節）と。なぜ、早く来てくれなかったのですかと恨み言を言うわけです。そんなマルタにイエスさまは言います。「あなたの兄弟は復活する」（23節）と。するとマルタは答えます。「終わりの日の復活の時に復活することは存じております。」（24節）。

当時のユダヤでは一般的に、世界の終わりの時には、すべての死者が復活して神さまの裁きを受けると考えられていました。マルタもその考えに則って、ラザロは復活するだろうけれど、それは「今」でなく「世界の終わりの時」だというのです。それに対するイエスさまの答えは、これまで聞いたことのないものでした。「わたしは復活であり、命である。わたしを信じる者は、死んでも生きる。生きていてわたしを信じる者はだれも、けっして死ぬことはない。」（25～26節）

いったいどういうことなのだろう。予期しなかったイエスさまの言葉に、マルタは首を傾げたに違いありません。しかもイエスさまは、「このことを信じるか。」（26節）とマルタに返答を迫ってきます。

マルタの答えは、「はい、主よ、あなたが世に来られるはずの神の子、メシアであるとわたしは信じております。」（27節）でした。たぶんマルタは、イエスさまが言ったことすべてに納得して、「はい」と答えたわけではなかったでしょう。なんだかよく分からないけれど、しかし、イエスさまがいのちを与える方、いのちの主であるということは分かっている。それをマルタは、あなたこそ神の子、メシアであることを信じていると表現したのではないでしょうか。

この物語はこの後、さらに展開していきます。そして、ついにマルタは目撃するのです。イエスさまがラザロに呼びかけると、ラザロが復活して墓から出てくるのを。イエスさまは本当に「いのちの主」でした。

お話の例

マルタさんは悲しくてたまりませんでした。だって､兄弟のラザロさんが病気になって、あっという間に亡くなってしまったからです。

それだけではありません。ラザロさんが病気になったとき、大急ぎで知らせたのに、イエスさまは来てくださらなかったのです。「イエスさま、早く来て！」ラザロさんを看病しながら、マルタさんは心の中で何度、そう叫んだことでしょう。「イエスさまがいてくださったら、病気は治っていたはずなのに……。」そう考えると、マルタさんは悔しくてたまりませんでした。

マルタさんが悲しみにくれていると、遠くから声がします。「マルタさん～、マルタさん～、イエスさまが来られましたよ～。」村の人たちが叫んでいます。マルタさんは目をあげて、声のするほうを見ました。するとどうでしょう。ずっとむこうにイエスさまの姿が見えます。マルタさんは思わず家を飛び出して、走り出しました。

「イエスさま、遅いです。もう、どうにもなりません。ラザロは死んでしまいました。」息せき切ってイエスさまのところにくると、マルタさんは泣き出してしまいました。涙があふれて止まりません。そんなマルタさんにイエスさまは言うのです。「ラザロは復活する。」

「えっ？」マルタさんは驚いて顔をあげました。「そんなこと、あるわけないでしょう。」イエスさまは病気を治すことはできるかもしれないけれど、死んだ人を生き返らせるなんて、そんなこと、できるはずがない。でも、イエスさまは静かに、ゆっくりと言います。「わたしは復活であり、命である。」そして、マルタさんの目をしっかり見ながら、「わたしを信じる者は、死んでも生きる。生きていてわたしを信じる者はだれも、けっして死ぬことはない。あなたはこのことを信じますか」と問いかけるのです。

マルタさんはイエスさまに「信じますか」と聞かれて、どきどきしました。どうしよう。死んでも生きるってどういうこと？ 生きていても死なないってどういうこと？

マルタさんは困ってしまいました。みなさんなら、どう答えますか？

「分かりません～」「信じられない～」「難しい～」いろいろだよね。

マルタさんはどうでしょう。マルタさんはしばらく考えていましたが、ついにイエスさまを見てこう言いました。「はい、わたしはイエスさまが神の子であり、救い主であることを信じています」と。

マルタさんは思ったのです。「難しいことは分からない。わたしに分かっていることは、イエスさまが大好きだってこと。イエスさまがそばにいてくださると、だんだん力が湧いてくる。だから、イエスさまはいのちを与えてくださる神の子、救い主だ。イエスさまは何でもおできになる。」

そうです。マルタさんはイエスさまにできないことはないと信じたのです。そして、そんなマルタさんにイエスさまは奇跡を見せてくださいました。ラザロさんが復活するのです。マルタさんは、イエスさまが本当に「いのちの主」であることを知って、心からうれしくなりました。

活動のアイディア

①『こどもさんびか改訂版』131番「かなしいことがあっても」をみんなで歌おう。

②「悲しいこと」「泣きたい時」ってどんなことか、どんな時か、考えてみよう。叱られた時。おやつを誰かに食べられた時。ケンカした時。いじわるされた時。おじいちゃんが亡くなった時。自由に出してみる。そんな時、イエスさまが来てそばにいてくれたら、どんな気持ちになるかな。

③「かなしいことがあっても」をもう一度歌おう。二人一組になり、最後の「守ってくれるだろう」でハグし合う。あるいは手を握り合う。悲しい時、泣きたい時もイエスさまがハグしてくれている、手を握ってくれていることを感じよう。

トマスの疑惑

文／大嶋果織

聖書は新共同訳／《 》は聖書協会共同訳

聖書箇所

ヨハネによる福音書 20章24節～29節

暗唱聖句

わたしを見たから信じたのか。見ないのに信じる人は、幸いである。

《私を見たから信じたのか。見ないで信じる人は、幸いである。》

ヨハネによる福音書 20章29節

聖書解説

トマスは復活のイエスさまが最初に弟子たちの前に現れた時、その場にいませんでした。トマスは悔しかったに違いありません。たまたま自分が留守のときに復活のイエスさまが現れるなんて。自分も最初の目撃者になりたかったのに。

だから、トマスは他の弟子たちが「わたしたちは主を見た」（25節）というのを聞いても、それを素直に喜べません。「あの方の手に釘の跡を見、この指を釘跡に入れてみなければ、また、この手をそのわき腹に入れてみなければ、わたしは決して信じない。」（25節）と言い張るのです。ちょっと扱いにくいトマスでした。

次の日曜日も弟子たちは集まりました。トマスもそこにいました。すると再び、復活のイエスさまが現れます。戸には鍵がかけてあったのに。

トマスは「あなたがたに平和があるように」（26節）とあいさつするイエスさまを凝視していたに違いありません。そんなトマスにイエスさまは呼びかけます。「あなたの指をここに当てて、わたしの手を見なさい。また、あなたの手を伸ばし、わたしのわき腹に入れなさい。」（27節）と。イエスさまはトマスがへそを曲げているのを知っているのです。

イエスさまに呼びかけられたトマスは、おそるおそるイエスさまの手に触れました。他の弟子は誰もイエスさまに触れていません。トマスが初めてです。イエスさまの手のひらには太い釘の跡が生々しく残っていました。トマスはイエスさまのわき腹にも手を伸ばします。そこには槍で突かれた深い傷がぽっかり口を開けていました。

イエスさまの手とわき腹の傷に触れながら、トマスは何を思ったでしょうか。イエスさま、ごめんなさい。こんな酷い目に合わせてしまって……。そんなふうに感じたのではないでしょうか。

でもイエスさまはトマスを責めません。お前のせいで酷い目にあったとは言いません。むしろ、優しい目でトマスを見つめているのです。そんなイエスさまの視線を感じながら、トマスは思わず告白します。「わたしの主、わたしの神よ」（28節）。そんなトマスにイエスさまは言うのでした。「わたしを見たから信じたのか。見ないのに信じる人は、幸いである。」（29節）と。トマスはきっと思ったに違いありません。「これからは意地を張らないで、仲間の言うことに素直に耳を傾けるようにしよう」と。

この聖書箇所から、トマスは疑い深い人と考えられているようですが、わたしにはトマスは負けず嫌いの熱血漢だったように思えます。インドまで伝道したという伝説があるのも不思議ではありません。

お話の例

トマスさんは、復活されたイエスさまが最初にお弟子さんたちに現れたとき、その場にいませんでした。それが悔しくてたまらなかったのでしょう。他のお弟子さんたちが、「わたしたちはイエスさまに会った」というのを聞いても、「そんなのうそだ、ぼくは見ていないぞ、ぼくは信じない」と言い張るのです。みんな、困ってしまいました。

次の日曜日のことです。お弟子さんたちが集まっていると、なんと、再びイエスさまが部屋に入って来られました。

イエスさまは「平和があるように」とみんなにあいさつすると、トマスさんの方をむいて言いました。「トマスさん、こんにちは。今日はあなたに会いにきたよ。」トマスさんはびっくりです。

イエスさまは続けます。「トマスさんはわたしの手とわき腹を触ってみたいそうだね。いいよ、触ってごらん。」イエスさまは両手を広げて、トマスさんを招きます。

トマスさんはちょっと誇らしい気持ちになりました。よし、復活したイエスさまに触ってみよう。おばけじゃないよね。

トマスさんはイエスさまのそばにいくと、イエスさまが差し出した手を握りました。大きな暖かい手です。でも次の瞬間、トマスさんは息をのみました。そこには、太い釘が刺さった跡が確かにあったからです。

次にトマスさんはイエスさまのわき腹に手を伸ばしました。なんということでしょう。そこには槍で刺された傷跡が、いくつもぽっかり口を開けていました。「あぁ」トマスさんは驚いて声をあげました。

イエスさまの手とイエスさまのわき腹の傷跡に手を当てているトマスさんの目に涙が浮かんできました。こんなにひどい傷を負うなんて。どんなに痛かったことか。どんなに苦しかったことか。

トマスさんは思わずささやきました。「イエスさま、ごめんなさい。あの時、わたしはイエスさまを見捨てて逃げてしまいました。」

トマスさんの声が聞こえたのかどうか、イエスさまは優しい目で、トマスさんを見つめています。トマスさんは、イエスさまを見捨てて逃げた自分を許してくださる広い心を感じました。

トマスさんは、今度は大きな声で言いました。「イエスさま、わたしはイエスさまに従って行きます。イエスさまはわたしの神さまです。」

イエスさまはにこにこしながらトマスさんを見つめて言いました。「トマスさん、わたしを見たから信じたのですか。これからは見ないで信じる人になれるといいですね。」

トマスさんはその後、イエスさまのことを世界中に伝えて歩く人になりました。トマスさんはイエスさまの優しい目、イエスさまの大きな暖かい手、イエスさまの広い心にいつも励まされていたに違いありません。

活動のアイディア

① 『こどもさんびか改訂版』114番「やさしいめが」を歌おう。
② 「やさしいめ」ってどんな目？「やさしいめ」のところで、隣の人と見つめあおう。
③ 「おおきなて、あたたかいて」ってどんな手？「おおきなて、あたたかいて」のところで、隣の人と手の平を合わせよう。
④ 「ひろいこころ」ってどんな心？どんなふうにしたら「ひろいこころ」を表現できるかな？ 考えてやってみよう。
⑤ 「やさしいめが」を手話で歌ってみよう。

おすすめ教材
★「こどもさんびか改訂版　手話で歌おう！」（日本キリスト教団出版局）

イエス 弟子たちに現れる

文／大嶋果織

聖書は新共同訳／《 》は聖書協会共同訳

聖書箇所

ルカによる福音書 24章36節～49節

暗唱聖句

あなたがたに平和があるように

《あなたがたに平和があるように》

ルカによる福音書 24章36節

聖書解説

イエスさまが復活された！

そのうわさは瞬く間に弟子たちの間に広がりました。本当だろうか、そんなことがあるだろうか。弟子たちはひとところに集まって、半信半疑で情報交換していたと思われます。女たちが朝、墓に行ったら天使たちがイエスさまの復活を告げたらしい……。復活したイエスさまがシモンに現れたらしい……。エマオ村から大急ぎで帰ってきた二人の弟子も、わたしたちは確かに復活のイエスさまに出会ったと証言しました（24・33～35）。

本日の聖書箇所は、こんなふうに弟子たちが集まって話していると、イエスさまご自身がみんなの前に現れ、真ん中に立って「あなたがたに平和があるように」（36節）と言ったと伝えています。

イエスさまや弟子たちは、日常はアラム語を話していたと思われるので、ここでイエスさまは「サラーム」と言われたのでしょう。ヘブライ語だと「シャローム」です。日本語では「平和」とも「平安」とも訳される言葉で、神さまが共にいてくださる時に実現する「真の平和・平安」を意味しています。そして、これが当時のあいさつの言葉でした。つまり、イエスさまは弟子たちに、「サラーム」とあいさつされたのです。

弟子たちは大混乱に陥ります。聖書には「彼らは恐れおののき、亡霊を見ているのだと思った。」（37節）と書いてあります。恐怖で叫び出す者、外に逃げようとする者、必死で祈り始める者……。取り乱す弟子たちにイエスさまは静かに語りかけます。「なぜ、うろたえているのか。どうして心に疑いを起こすのか。」（38節）そして、ご自分の手や足を見せ、触ってよく見なさいと言われるのです。

弟子たちは少しずつ落ち着きを取り戻しましたが、やはり信じられません。そこでイエスさまは何か食べ物を持ってくるように言います。そして、焼いた魚を一切れ、ペロリと食べてみせました。

そっちのほうが信じられないとわたしは思うのですが、弟子たちはどうやらそれで落ち着いたようです。イエスさまがむしゃむしゃ魚を食べるようすをみて、ああ、いつものイエスさまだと安心したのでしょう。弟子たちは、「サラーム」を取り戻したのでした。

この聖書箇所を読むと、イエスさまがいかに弟子たちのことをよく理解しているかに驚かされます。どうしたら弟子たちが、神さまが共にいてくださることを信じることができるか、分かっておられるのです。そんなイエスさまは、今もわたしたちに「平和があるように」とあいさつし、わたしたちの「サラーム」に心を砕いてくださっています。

お話の例

弟子たちが集まって、わいわいがやがや、騒いでいました。「マリアさんたちが朝、お墓に行ったら、天使が現れて、イエスさまは復活されたと言ったんだって。」「シモンさんのところに復活したイエスさまが来られたそうだ。」「クレオパさんが、復活したイエスさまと話したらしい。」「本当かな。」

すると、なんということでしょう。突然、みんなの真ん中にイエスさまが現れて「サ※ラーム」と言われたのです。「あなたがたに平和があるように」という意味です。

弟子たちは腰を抜かしておどろきました。「キャー。助けてー」怖くて叫び出す人。思わず目をつぶる人。逃げ出そうとする人。もう、大混乱です。そんな弟子たちのようすをイエスさまはあきれたように見つめました。

「みんな、落ち着きなさい。わたしだよ。ちゃんと手と足があるよ。触ってよく見なさい。」

そう言われて、弟子たちはだんだん落ち着きを取り戻しました。少しずつイエスさまに近づいて、イエスさまをじろじろ眺めます。つんつん、つついてみます。

「ああ、イエスさまだ。本物だ。良かった」とある人が言えば、別の人が「え、でも、死んだはずでしょ。どういうこと?」と言い……。やっぱり不思議でたまりません。

イエスさまは「まだ、信じないのか」とため息をついて、「ここに何か食べる物があるか」と言いました。弟子の一人が、晩ご飯の残りの焼いた魚を差し出すと、イエスさまはそれを取って、むしゃむしゃと食べてしまったのです。

「ああ、本当にイエスさまだ。」弟子たちはイエスさまのことをよく知っています。だっていつも一緒にいたのですから。この食べっぷりは確かにイエスさまだ。弟子たちは心の底から安心しました。弟子たちの心に「サラーム」が生まれました。

「サラーム」とは「平和があるように」という意味だと最初に言いましたね。この「平和」は単に戦争がないという意味の平和ではありません。イエスさまが一緒にいてくださる時に生まれる、本当の平和です。安心です。「神さまが与えてくださる平和」ということもできます。

心の中に「サラーム」が生まれると、どうなるでしょう。何があっても、どっしり落ち着いていることができます。困っている人に親切にしてあげることができます。お腹が空いている人に、食べ物を分けてあげることができます。ケンカをするのではなく、話し合いをしようと思うようになります。そうすると、世界に平和が広がっていくのです。だからみんなの心に「サラーム」が生まれるといいですね。

そうそう、「サラーム」はあいさつの言葉でもあります。「神さまの平和がありますように」っていうあいさつ、すてきですね。今日は、みんなで「サラーム」とあいさつしましょう。そして、神さまの平和がわたしたちの間に生まれるように祈りましょう。「サラーム!」

※イエスさまは普段アラム語を使っていたと考えられるので、ここでは「サラーム」を使いましたが、旧約聖書のヘブライ語では「シャローム」です。「シャローム」に慣れている方々は言い換えてくださってかまいません。

活動のアイディア

①いろんな国のあいさつを調べて、みんなであいさつしあってみよう。「世界のあいさつ」でウェブサイトを検索するといいでしょう。

②『こどもさんびか改訂版』140番「みんなでへいわを」を歌ってみよう。いろんな国の「平和」を意味する言葉が紹介されています。

モーセ物語1「水の中から」

文／矢野由美

聖書は新共同訳／《 》は聖書協会共同訳

聖書箇所

出エジプト記1章22節～2章10節

暗唱聖句

開けてみると赤ん坊がおり、しかも男の子で、泣いていた。

《開けてみると、赤子がいた。それは男の子で、泣いていた。》

（出エジプト記2章6節）

聖書解説

モーセが生きた時代、イスラエルは自然豊かな土地でしたが、干ばつが続くと、作物が育たなくなり食べるものがなくなってしまいました。その一方、肥沃で穀物が豊富なエジプトはイスラエルの民にとって魅力的な国でした。

イスラエルの民がエジプトにくだってきた理由は飢饉から逃れるためでありました。他国での生活は不自由ですが、食べる物には困らないエジプトの地で次第に人口を増やしていきました。エジプトはイスラエルの繁栄を恐れ、過酷な労働で強いイスラエルの民を虐待しました。しかし、イスラエルの民は重労役を負いながらも弱ることはなく、ますます繁栄し続けました。民の神への信仰と神の祝福があったとされています。

これに対抗しエジプト王ファラオは、ヘブライ人（イスラエルの民）の助産婦に「男の子が生まれたら殺せ」と命じたのです。しかし、助産婦シフラとプアは、「イスラエルの母親は元気が良く、自分たちが行く前に出産してしまうのです」と王に報告し、誕生する小さな命を守ろうとしました。助産婦の深い信仰の行動は、神がお造りになった者に手をくださない、小さな命に限らずすべてが尊い命と語る神の御心に従うものでした。知恵を用いてファラオに抵抗し、機転の効く助産婦の行動が多くの幼い命を救ったことでしょう。助産婦に知恵を与えてくださったのは神さまですが、危険なリスクを負いながらも、神の前に忠実に従った助産婦の姿は、真理に生きることをわたしたちに教えてくれています。

イスラエルの民を救うために神は一人の人を備えられました。その人がモーセです。

アムラムとヨケベドは、長女ミリヤムと長男アロンの4人家族。エジプト王ファラオが「男の子をナイル川に投げ込んで殺せ」という命令を出したその直後、その家庭に男の赤ちゃんが生まれました。神さまは、この家庭から一人の小さな命をとおして神のご計画を進めていかれます。赤ちゃんを殺すことができない両親はモーセを3ヶ月間隠しました。しかし、もうこれ以上隠しとおすことは困難でした。

そこで両親はパピルスで籠を編み、その中に赤ちゃんを入れナイル川の岸に行き、葦の茂みにそっと置きました。籠には樹脂を塗り防水を施しました。まさに我が子を守るため、生き延びるための最善を尽くしたのです。

ナイル川を流れていく籠から目を離さず固唾をのんで見守っていた家族。その籠をすくい上げたのがファラオの娘だったことは、ここに神のご意志が働かれたことを知ることができます。神さまはイスラエルの民をエジプトから救うというご計画のためにファラオの娘を用いられます。モーセは、最も安全な場所、ファラオの宮殿で育てられることになりました。

旧約の歴史の中に働く神、ご計画を遂行される神の御心がモーセのお話をとおして私たちに伝えられるのです。

お話の例

エジプトに大きな川、ナイル川が流れています。ある日、王さまが恐ろしい命令を出しました。「男の赤ちゃんが生まれたらナイル川に放り込め」と、お触れを出したのです。何とひどい話でしょう。生まれたばかりの可愛い赤ちゃんを川に放り込め……だなんて。なぜそのようなひどいことを言ったのでしょう。それは、自分の国を心配したからです。エジプトに住むヘブライ人の数がどんどん増え、これ以上増え続けるとエジプト人よりもヘブライ人の方が多くなってしまう。エジプトはヘブライ人の国になってしまうかもしれないと心配したのです。ヘブライ人は、以前は自分の国イスラエルで幸せに暮らしていました。でも長いこと雨が降らず、作物が育たなくなり、食べる物がなくなっていきました。

　多くのイスラエル人は食べ物を求めて他の国々へ出て行きました。ヘブライ人を受け入れたエジプトの王さまは、ヘブライ人が増えていくのを良く思わなかったのです。そこでヘブライ人を奴隷のように朝から晩まで働かせて、いじめました。しかし、ヘブライ人たちはいじめにも負けず、元気でますます増え続けました。天と地を造られ、いつも見ていてくださる神さまが、辛いことがあってもわたしたちを助けてくださると信じて前向きに生きていたからです。王さまも黙ってはいません。「男の赤ちゃんを生かしておいてはならない」と命令を出したのです。さあ、王さまの命令には従わなければなりません。

　ある日のこと、ヘブライ人アブラムの家に男の赤ちゃんが生まれました。「なんとかわいい赤ちゃん。」ミリアムもアロンの姉弟も大喜び。「でも、王さまの命令はどうしよう。かわいい赤ちゃんをナイル川に放り込むなんて、とてもできない。」ミリアムもアロンも心配しています。「大丈夫だよ、きっと神さまが守ってくださる。みんなで神さまにお祈りしよう」とお父さんは言いました。アムラムの家では三ヶ月の間、赤ちゃんを隠して育てたのです。しかし、赤ちゃんの泣き声が大きくなっていよいよ隠すことが難しくなりました。お父さんとお母さんは、パピルスという植物で小さな籠を編み、赤ちゃんをナイル川に連れて行く決心をしました。籠の中に赤ちゃんを入れ「どうかこの子を拾ってくれる人がいますように」と祈りました。そしてナイル川の草むらにそっと置きました。ミリアムは赤ちゃんを入れた籠が流れていくナイル川を草の間からずっと見守っていました。すると遠くから誰かが近づいてきます。それは水浴びをしていたエジプトの王女さまでした。

　王女さまは、葦の茂みの小さな籠を見つけ、籠の蓋を開けました。中にはかわいい男の赤ちゃんが泣いているではありませんか。「まあ、なんてかわいい子！　こんな所に捨てられてかわいそうに。」王女さまは赤ちゃんを抱き上げ、「これはヘブライ人の子だわ。この子はわたしが引き取ってエジプトの子として育てます。」召使いにそう言いました。「でも、この子にお乳を飲ませる人がいないといけませんよ」と召使いが言ったその時、ミリアムは出て行き王女さまに言いました。「この子にお乳を飲ませる人がいます。」王女さまは「それなら、その人を連れてきておくれ」と言いました。ミリアムは急いで王女さまのところへお母さんを案内しました。「わたしに代わってこの子にお乳をあげておくれ、お礼はたくさんします」という王女に「はい、かしこまりました。」赤ちゃんを受け取ったお母さんは家に帰り、家族で神さまにお祈りしました。「神さま、わたしたちのお祈りを聞いてくださってありがとうございます。」お母さんは赤ちゃんがお乳を飲まなくてもよくなるまで家で育てました。その後、王女はその子を引き取って自分の子どもとして育てることにし、「モーセ」と名付けました。

　それは、水の中から引き上げられたという意味です。モーセは、こうしてエジプトの王さまの宮殿で育てられることになったのです。これはすべて神さまが、赤ちゃんモーセを導いてくださったことでした。

モーセ物語2「燃える柴」

文／矢野由美

聖書は新共同訳／《 》は聖書協会共同訳

聖書箇所

出エジプト記3章1節〜12節

暗唱聖句

ここに近づいてはならない。足から履物を脱ぎなさい。あなたの立っている場所は聖なる土地だから。

《こちらに近づいてはならない。履物を脱ぎなさい。あなたの立っている場所は聖なる土地である。》

(出エジプト記3章5節)

聖書解説

ヘブライ人として誕生したモーセは、神さまの導きにより王女に見出され、王女の養子としてエジプトの宮殿で何不自由なく育ちます。しかし、成人した頃ある事件を起こすのです。重労働で働いているヘブライ人に向かって何度も鞭打つエジプト人を見かけたモーセは、その暴力行為を見過ごすことができず、エジプト人を殴り殺してしまいます。そのことが王の耳に入り、立腹した王はモーセの命を狙います。窮地に立たされたモーセは、命からがらエジプトから逃れて旅を続け、ミディアンの地にたどり着きました。そこで祭司と出会い、羊飼いとして働くことになります。神さまは、その地でモーセを訓練し、次の道を備えられました。

モーセを狙ったエジプトの王は死んでしまいますが、イスラエルの民の苦しみはますますひどくなり、神に向かって叫びの声を上げていたのです。神さまは、その時、イスラエルの民の嘆きの声を聴かれました。そして、イスラエルの救いのために神のご計画を進められます。

ホレブの山に登ったモーセは、不思議な光景を見せられました。柴が燃えているのに、燃え尽きないのです。不思議に思ったモーセが柴に近づくとその柴の中から神さまの声がしました。神さまは、モーセの名前を呼んでおられたのです。モーセが神さまの声に耳を傾けた時、神さまはモーセに語られました。「ここに近づいてはならない。足から履き物を脱ぎなさい。あなたの立っている場所は聖なる土地だから」と、神さまが聖なる方であることを教えてくださいました。

人間は聖なる神さまに近づくことはできないのです。しかし、神さまは自らモーセに近づいて語りかけてくださいました。それはモーセに大切な使命を伝えるためでした。捕らわれの民、奴隷として生きる民族を解放し自由にするために、神さまはモーセを用いようと召されたのです。エジプトの手からイスラエルの民を救い出すためにエジプトに行くようにと、神さまから御召しを受けたモーセでしたが、言い逃れをします。

神さまを信じることを忘れて自分の力にこだわるモーセに対して、神さまは「わたしはあなたとともにいる」との約束をくださいます。そして、ためらうモーセを指導者として立たされたのです。

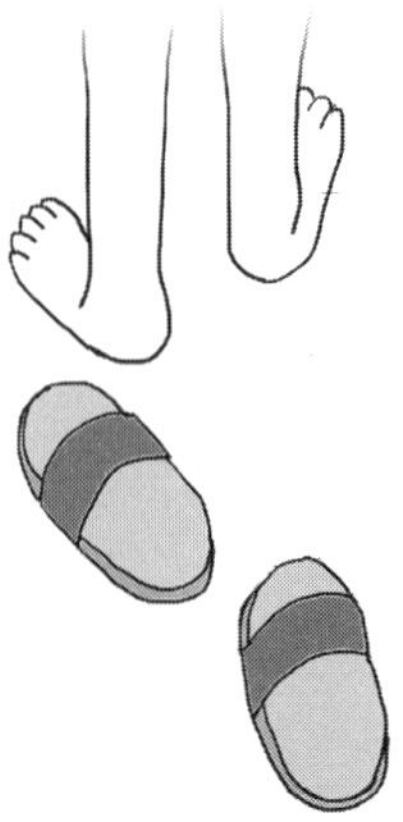

お話の例

王女さまに助けられた赤ちゃんモーセも大きく成長しました。

ある日、モーセは宮殿でとても悲しい気持ちになりました。奴隷のように働いているヘブライ人が鞭で打たれているのを見たのです。エジプトの兵隊がヘブライ人をいじめているようすをモーセは何度も見ていました。その時、苦しくなる心を抑えられずその場に走って行き、急いで止めようとエジプトの兵隊に言いました。「どうしてそんなひどいことをするのだ。」するとエジプト人はびっくりしてモーセに答えます。「おまえはなぜ奴隷の味方をするのだ」と。「そんなに鞭打つと死んでしまうではないか。」モーセは鞭で打つのをやめさせようとしました。その時、モーセの上げた手の力でエジプト人は何と死んでしまったのです。「ああ、何ということをしたのだろう。」モーセは、急いでその人を黙って土に埋めてしまいました。そして、このことを誰にも知らせませんでした。でもそれを遠くから見ていた人がいたのです。その話はすぐにエジプト王ファラオの耳に届きました。

ファラオはモーセが、エジプトの兵隊を殺したと知ると、「モーセを生かしておくことはできない」と怒り出し、モーセを捕らえようとしました。それを知ったモーセは、着の身着のまま慌てて宮殿を逃げ出し、荒れ野にむかってさまよい歩きました。何日も何日も歩き続けヘトヘトで倒れそうになり、やっとのことで緑のあるミディアンにたどり着きますと、そこには祭司レウエルと娘たちが住んでいました。モーセはそこで生活を始め、娘のツィポラと結婚しました。神さまは、二人に子どもを与えてくださいました。モーセはミディアンの地で長い間羊飼いをして暮らしました。

ミディアンに住んで40年経った頃、神さまはエジプトに住んでいるイスラエルの人たちが泣いている声を聞かれました。奴隷のように働かされて、苦しい生活をしていた人たちは、「神さま、わたしたちはいつまで苦しまなければならないのですか」と泣いて訴えたのです。その声を聞かれた神さまは、かわいそうに思い、エジプトからイスラエルの人たちを救おうと決心をされ、山に登るモーセを待っておられました。

モーセがホレブの山に登ったときのことです。不思議なことが起こりました。柴が燃えている真ん中に、神さまのみ使いが現れたのです。その柴はずっと燃え続けています。モーセは不思議に思いました。「どうして、あの柴は燃えてしまわないのだろう。」その時、神さまの声がしました。「モーセ、モーセ。」「はい」とモーセは答えました。すると、「ここに近づいてはいけない。履いている物を脱ぎなさい。ここは聖なる所だから」と教えてくださり、さらに、神さまは言われました。

「わたしはあなたの神、アブラハムの神、イサクの神、ヤコブの神である。」その声を聞いたモーセは恐ろしくなり顔を隠しました。なぜなら、神さまを見た人は死んでしまうと言われていたからです。でも神さまは続けて言われます。「わたしは、イスラエルの人たちが苦しんでいるお祈りを聞いたよ。だから、エジプトからその人たちを助けたいのだ。そして、素晴らしい所へ連れて行きたいのだ。」それだけではありません。神さまはこうも言われました。

「モーセ、エジプトへ行きなさい。そしてエジプトの王さまに会いなさい。イスラエルの人たちをエジプトから連れ出しなさい」と。何ということでしょう。モーセは神さまに言いました。「わたしにはそんなことはできません。」しかし、神さまは言われました。「わたしがあなたといっしょにいるよ。わたしがイスラエルの人たちを助けるから。」そうです。神さまはモーセと一緒にいて助けてくださると約束してくださったのです。そして神さまは、わたしたちにも言ってくださいます。「○○ちゃん、あなたといつも一緒だよ。あなたを助けるよ」と、いつも言ってくださっているのです。

モーセ物語３「アロンの杖」

文／矢野由美

聖書は新共同訳／《 》は聖書協会共同訳

聖書箇所

出エジプト記７章８節～13節

暗唱聖句

アロンが自分の杖をファラオとその家臣たちの前に投げると、杖は蛇になった。

《アロンが自分の杖をファラオとその家臣の前に投げると、杖は大蛇になった。》

（出エジプト記７章10節）

聖書解説

神さまはエジプトの地で生きるイスラエルの民の叫び、助けを求める声を聞かれ、モーセを用いるためにその名を呼ばれます。

神さまは、モーセに言われました。「ファラオのところへ行きなさい」と。イスラエルの民をエジプトから去らせるように王に告げなさいと語られたのです。しかし、モーセは口下手だという理由でしりごみしました。神さまは、口が重いモーセのために代弁者としてアロンを立てられます。アロンはモーセとファラオの間に立って、モーセの思いをファラオに伝える働きを担うことになります。その時のモーセの年齢は80歳、アロンは83歳でした。それは、決してこの世では働き盛りといえる年ではないでしょう。しかし、神さまは私たちの思いを超えたところで、その時その人を導き用いてくださるお方です。それは、人には不可能と思えることも神には可能だということを教えるためでした。

神を試そうとしるしを求めてくるこの世の権力者ファラオに、神さまはモーセとアロンを遣わして応えられます。かたくなな態度を取るファラオの前で神さまは不思議な3つのしるしを見せられました。神さまが言われた通り、アロンが杖をファラオとその家臣たちの前に投げると、杖が蛇に変わりました。しかし、それを見せられたファラオは、エジプトの呪術師《じゅじゅつし》を呼び寄せ、秘術を使い、同じことをして見せました。側にいる人々の驚きを見ながら、呪術師も対抗して杖を蛇に変えたのです。そこには、自分を神と同等に考える傲慢なファラオがいました。

神さまはそれから次の不思議なしるしを見せてくださいました。モーセの方の蛇がエジプトの蛇を飲み込んでしまうという業《わざ》を見せてくださったのです。しかし、そのように神さまの不思議なしるしを見せられても、依然としてファラオの心はかたくななままで、モーセの言うこと、すなわち神の言葉を聞く耳は持ちませんでした。この世の呪術師が魔術を使ってさまざまなマジックを見せますが、それはあくまでも人間の業（トリック）です。

神さまの不思議なしるしはそれとは違います。神さまはしるしをとおして「わたしが神である」と示されるのです。神さまは、昔と同じように、今もわたしたちに聖書のお話をとおして「わたしが神である」ことを教えてくださっています。

豆知識

〈**呪術**〉古代エジプトでは多くの神々を崇拝していました。人々は、諸々の神々が自然を支配すると信じていたのです。エジプト王の地位は神聖で、その地位に着く者は誰でも呪術をおこなう力を持つと信じていました。王は、有能な呪術者を選びました。呪術者は自らのトリックを利用し、神々が奇跡を起こしたと人々に主張していたのです。

お話の例

モーセはミディアンで、家族と一緒に羊飼いをして暮らしていました。モーセが80歳位になった頃です。ホレブの山に登った時、不思議な燃える柴が現れ、神さまの声を聞きました。

「エジプトにいるイスラエルの人々が、毎日きつい仕事をさせられて苦しい目にあっている。わたしは、その人たちを救いたい。モーセ、あなたはエジプトへ行って、わたしの言うことを王さまに言いなさい。」

モーセは、「神さま、わたしの話を聞く人がいるでしょうか。神さまの名前はなんというのか？ と聞かれたら何と言えば良いのでしょうか」と言いました。すると、神さまは「『わたしはある』という者だ。神さまがあなた方を救ってくださる、と言いなさい」と言われました。

そして「しかし、エジプトの王は、モーセの言ったことを聞くような王ではないだろう。その時は、あなたが持っている杖を投げてみなさい」と教えてくださったのです。そこで、モーセは神さまに言われた通り、持っている杖を試しに投げて見ると、不思議なことに杖が蛇に変わりました。また、神さまが「その蛇をつかんでご覧なさい」と言われ、モーセが蛇をつかむと、それは元どおりの杖になりました。しかし、モーセは不思議なしるしを教えてもらっても、まだ心配が残っていました。「神さま、わたしは上手に話をすることができません。」モーセがそう言うと「モーセ、あなたのお兄さんのアロンと一緒に行きなさい。あなたの代わりにアロンが王に話してくれるようにしよう。」こうして、モーセは家族と一緒にエジプトに向かって歩く旅を続けることになりました。途中でアロン兄さんに会い一緒に行きました。エジプトに着くと、モーセとアロンはそこに住むイスラエルの人たちに言いました。

「あなたたちの苦しみを神さまは聞きました。神さまがあなたたちを助けてくださると言われます」と、神さまがこれから救おうとしておられることを話しました。

次の日、モーセとアロンは宮殿に入り、王さまの前に出て行きました。そして神さまから王さまに伝えるようにと言われたことを話しました。「王さま、イスラエルの人たちを、エジプトから出ていくのを止めないでください。わたしたちの神さまに礼拝したいのです。」すると、王さまは「何をばかなことを言っているのだ。お前たちがここで力仕事をしないと我々が困るのだ」と言いました。

その後、イスラエルの人々は前よりももっときつい仕事を押しつけられるようになり、人々はモーセとアロンに文句を言いました。「なぜ、わたしたちは前よりきつい仕事をさせられるのですか。神さまはわたしたちに何にもしてくれない。いや前よりもっと悪くなっている。」そこで、モーセとアロンはもう一度王さまの前へ行きました。「イスラエルの人々をエジプトから出て行かせてください。」すると、「しつこいやつらだ。お前たちの神はどんな不思議なことができるというのか」と王さまが言いました。

アロンは「では見ていてください」と、持っている杖を王さまの前に投げました。するとその杖が突然、蛇になったではありませんか。それを見た人は皆驚きましたが、王さまはすぐ呪術師《じゅじゅつし》に持っている杖を投げるように命じ、同じようにして見せました。しかし、アロンの蛇は呪術師の投げた蛇を飲み込んでしまいました。あっという間の出来事でした。エジプトの呪術師は驚いて後ろにさがりました。マジックはできても本当に杖を蛇に変えることはできません。

神さまは違います。神さまには何でもどんなこともできるのです。神さまは王さまや家来たちに「わたしは天地を造った神なのだよ」と教えようと不思議なことを見せられたのです。しかし、神さまの不思議なしるしを見ても、神さまを信じない人たちがいました。わたしたちはどうでしょうか。

モーセ物語4「海が分かれた」

文／矢野由美

聖書は新共同訳／《 》は聖書協会共同訳

聖書箇所

出エジプト記 13章17節～14章31節

暗唱聖句

杖を高く上げ、手を海に向かって差し伸べて、海を二つに分けなさい。

《あなたは自分の杖を上げ、海に向かって手を伸ばし、海を二つに分けなさい。》

（出エジプト記 14章16節）

聖書解説

「すべての初子を聖別してわたしにささげよ。」（13・2）との御言葉を聞いたイスラエルの民はその仰せに従います。神さまは背くエジプトにいるすべての初子を打たれたのです。ファラオ（＝ファラオ）はエジプトから出て行くようにイスラエルの民に命じました。モーセを先頭に出エジプトを始めたイスラエルの民は葦の海に通じる荒れ野の道に迂回させられます。昼は雲の柱、夜は火の柱で神さまはその旅を導かれました。

エジプト王ファラオの心はかたくなで、一度は去らせたイスラエルの民を解放することが出来ません。強制労働者としてエジプトに必要な力を失いたくないのです。ファラオは戦車に馬を繋いで自ら軍勢を率いエジプトの戦車すべてを動員し、エジプトを出るイスラエルの民のあとを追いました。モーセ率いるイスラエルの民は、「意気揚々と」前進しました。直訳では「手を高く上げて」とあり、主の救いを誉め称えつつ進んだようすがうかがえます。

しかし、あとからエジプト軍勢が追って来るのを見ると、民は非常に恐れ、モーセを責め立てました。不安を露わにする民に対して、モーセは「恐れてはならない。」（13節）「主があなたたちのために戦われる。」（14節）と励まし続けます。前進するイスラエルの民のあとを追ってファラオとその軍勢が近づいていきます。その距離は徐々に縮まり、いよいよ絶体絶命という危機の中、モーセは杖を高く上げ、手を海にむけて差し伸ばしました。モーセの杖で海が二つに分かれ、左右に巨大な水の壁ができました。イスラエルの民は、モーセの声に従い海の間にできた道を通って足早に前進しました。神さまの救いの御業《みわざ》を目の当たりにしたのです。そのようすに唖然としていたエジプトの軍勢も、あとに続き海の道へおりていきました。モーセは、イスラエルの民が渡り終わったのを見て、杖を持つ手を海の上に差し伸ばしました。すると、水が元通りになり、エジプトの軍勢は海の中に投げ込まれ、海の底に沈んでしまいました。

このようにして神さまはモーセを用いてさまざまなしるしをおこない、イスラエルの民を導き出されたのです。イスラエルの民は、神さまのなさる不思議な御業に驚きつつ、神さまを誉め称えました。

豆知識

〈**「種なしパン」**〉酵母を入れないパン生地のことです。イスラエルの人々は、エジプトを脱出するために非常に急いでいたので種を入れ忘れたのでしょう。今でも過越祭はユダヤ人の最大の祭りです。過越祭には膨らまない薄い「種なしパン」を食べる習慣があります。出エジプトの出来事を思い出すためなのです。（次頁へ続く）

お話の例

神さまに背くエジプトの王ファラオはかたくなでした。神さまは、エジプトに次々と災難を起こされました。ファラオはついに断念して「モーセ、今すぐエジプトから出て行ってくれ。」「これ以上、この国に悪いことが起こらないように」と告げました。

モーセはイスラエルの民に言いました。「みなさん、聞いてください。わたしたちはこれからエジプトを出発します。神さまが用意してくださる土地へむかうのです。さあ、急いで引っ越しの準備をしましょう。」そうです。いつファラオの気が変わるか分かりません。ミリアムも急いでパンを用意しました。長い旅に必要な食べ物を用意するのです。モーセのお姉さんミリアムは急ぐため※種なしパンを荷物に詰めました。出かける準備をする時間は僅かしか残されていませんでした。必要な物だけを持つと、モーセは出発の合図をしました。「さあ、長い旅になるけどみんなで乗り越えよう。大丈夫、神さまが先頭について導いてくださるから」とモーセはイスラエルの民を励ましました。先頭には神さまがおられるのです。「雲の柱が見えるぞ。そっちの方に歩いて行くのだ。」夜になると「火の柱」が導いてくれています。長い行列の旅は続きます。赤ちゃんもいればお年寄りもいます。助け合って前に前に進んで行きました。

一方エジプトでは、宮殿の工事がなかなか進みません。朝から晩まで働いていたイスラエル人がもういないからです。ファラオは、「今すぐ、イスラエル人を連れ戻せ」と家来に怒鳴りました。

ファラオは大勢の軍隊を引き連れその先頭に立ち、急いで戦車を走らせました。戦車に乗ったイスラエル人に追いつこうと必死で走ります。旅を続けるモーセたちは、海の近くまで進んで来ました。「海が見えるぞ。」神さまはこの先どこへ導いてくださるのでしょう。海の先は行き止まり。イスラエルの民が海へむかって歩いていくと、後ろの方から地響きのような音がしてきました。「ドドドドドドド」「何の音だ?」後ろを振り向くと遠くの方にエジプトの軍隊が見えました。皆一目散にこちらへむかって来るではありませんか。「あっ、エジプトの軍隊が攻めて来たぞ」「ああ、我々はもう助からないのだ」「エジプトへ連れ戻されるのか」「またきつい仕事をさせられるのか。」次第に近づく軍隊を見て「ああ、もうだめだ。」みんなはがっかりして言いました。その時、神さまはモーセの名を呼ばれました。「モーセ、持っている杖を海の上に伸ばせ。」モーセがそのようにすると、何ということでしょう。突然大風が吹いて海を大きく二つに分けました。海は二つに割れて真ん中に乾いた道が現れました。その道は海の向こう岸までずっと続いています。「さあ、急いで渡るんだ。」モーセは人々にそう言いました。みんなは驚きながら、先頭に続き急いで海の道を歩きました。そのようすを驚いて見ていたエジプトの軍隊は、「さあ、我々も急いで行くのだ」と海の道へ入っていきました。軍隊がイスラエルの人々に迫って来たその時です。大風が吹いて二つに分かれていた海はもとの海に戻りました。「乾いた道がなくなっていく。」むこう岸に渡った民は大声で叫びました。そうです。モーセがもう一度杖を海におろすとまたいつものような海になりました。そしてエジプトの軍隊は海の底に沈んでしまったのです。

この不思議な出来事を見ていたイスラエルの人々は神さまの力の大きさを知りました。そして、「わたしたちを助けてくださった神さま、ありがとうございます」と何度もお礼を言いました。

豆知識

（前頁続き）ユダヤにはパン種を取り除くための慣習があります。過越祭の前日の朝、神殿の人々から一番良く見える場所に2つのパンを並べて置くそうです。過越の日には1つを片付け、その時からパン種が入っているパンを食べてはいけないということをあらわすそうです。

モーセ物語5「天から降ったパン」

文／矢野由美

聖書は新共同訳／《 》は聖書協会共同訳

聖書箇所

出エジプト記 16章1節～36節

暗唱聖句

わたしはあなたたちのために、天からパンを降らせる

《あなたがたのためにパンを天から降らせる。》

出エジプト記 16章4節

聖書解説

神さまの助けによってエジプトを脱出することができたイスラエルの民はどうなったのでしょう。

あれから約1ヶ月後、持っていた食料が底を尽き、イスラエルの人々は次第に不安な気持ちになっていきます。モーセは、民を率いてシンの荒れ野に導かれていきました。しかし荒れ野に入ると、人々はモーセとアロンに次々と不平を言い出しました。食料の危機を目の前にして、人々の思いは以前のエジプトへ逆戻りしていくのです。「あの頃は、肉を食べられた。パンも満ち足りるほど食べられた」「こんな思いをするのならエジプトへ戻りたい」などと思い思いに自分勝手なことを言って、モーセとアロンに迫ります。「あなたたちは、わたしたちを飢え死にさせようとするのか」とその不満は次第に大きくなっていきました。

神さまはモーセに言われました。「わたしはあなたたちのために、天からパンを降らせよう。毎日必要な分だけ取って食べて良い。6日目は二日分を取り、それによって安息日を守りなさい。」安息日を守ることは、イスラエルの人々にとって神さまとの大切な約束です。イスラエルの人々はその通りにしました。

しかし、「残ったパンは翌朝まで残しておいてはならない」というモーセの言葉に従わず、翌朝まで残しておいたものは腐ってしまい食べられませんでした。6日目に二日分集めて翌朝まで残しておいたパンは腐ることなく食べることができました。「明日は安息日だから、明日の分を今日蓄えなさい」というモーセの言葉どおりでした。

こうして、イスラエルの人々は、毎日神さまからいただくパンを集めながら、神さまに従うことを学んでいきました。

豆知識

〈マナ〉 マンナとも訳されますが、蜜の入ったウェファースのような味だったようです。マナとはヘブライ語ではマ・フーといい、「これは何だろう」という意味です。「うずら」は3月から4月にパレスチナに渡ってくる鳥だということです。

ユダヤ人の家庭では、過越の食事をしながら由来を子どもが親に質問して親が伝えるという慣習があります。

子「今夜、わたしたちが種入れないパンを食べるのはどうしてですか?」

親「イスラエルの民がエジプトを出るとき急いでいたので、種を入れて発酵させる時間が無かったため」

こうして、ユダヤ人の子どもは出エジプトの出来事を覚えるということです。

〈安息日〉 神が6日間の創造の仕事を終えた次の日（7日目）は、創造の業の完成を記念した聖なる日です。安息日は仕事をやめるという意味があり、休息する日、またユダヤ人にとっては神を礼拝する聖別された日なのです。仕事をやめるという意味から、パン（マナ）やうずらを集めることは労働として禁止されました。

お話の例

イスラエルの人々は、海の道を通ってエジプトから向こう岸へ渡ることができました。神さまは、イスラエルの人たちが命を狙われた時に不思議な力で救ってくださいました。みんなは、「神さまありがとう」と言って「神さまは素晴らしい」と歌を歌いました。

「これまでもこれからも神さまは導いてくださる。」イスラエルの人たちは、神さまを信じて毎日歩きました。神さまは昼は雲で柱を作って「この雲の方に歩きなさい」と教えてくださいました。夜は火で柱を作ってくださったので、暗い道も安心して歩くことができました。荒れ野を3日間歩いてマラという所につきました。そこに水があることが分かると人々は喜んで水を飲みました。「水があるぞ」「やっと水が飲めるぞ」「良かったね。」でも飲んでみると苦くて飲めません。そこでモーセは木の枝を水の中に投げ入れました。すると水が甘くなりました。「あっ、甘い水になった」「良かったなあ」「本当だ、良かったね。」そうして美味しい水を飲むことが出来ました。

でも今度は持っていた食べ物がだんだん無くなってきたのです。みんなは言いました。「モーセ、食べ物が足りなくなってきたぞ」「どうするんだ？　お腹空かして死んでしまうのか？」一人が言い出すと、文句をいう人がだんだん増えてきます。「何も食べられないならエジプトにいた方が良かったね」「そうだよ、エジプトでは肉も食べられたのに」「エジプトに帰りたくなってきた」「そうだ、そうだ」とみんな勝手なことを言っています。モーセは困ってしまい、そのことを神さまに話しました。神さまは、今度も天から贈り物をくださいました。

モーセは言いました。「あなたたちに朝はパン、夕方にお肉をくださると言っておられる」と。そして、本当に夕方になると、うずらという鳥が飛んできたのです。みんなは喜んでそのお肉を食べることができました。朝になるとマナというパンのようなものが天から降ってきたのです。みんなはお腹いっぱい食べることができました。「まだ残っているよ。明日の分も集めておこうよ」と、うずらを取っておいた人は、次の日腐った肉を見てがっかりしました。モーセはみんなに言いました。「神さまは、今日食べるものだけをくださる。たくさん取ってはいけない。」

またモーセは言いました。「6日目だけは明日の分を集めなさい。7日目は神さまを礼拝する日だ。礼拝を守りなさい」と。イスラエルの人たちはモーセの言う通りにしました。

神さまはわたしたちが元気に暮らせるように考えてくださいます。そして、一番大切なものをわたしたちにくださいます。神さまを忘れてしまったり、文句を言う人々に、神さまは言われます。

「わたしは、あなたたちを導いて行こう。ずっとあなたたちを助ける。わたしについてきなさい。」

こうして神さまは、イスラエルの人たちを大切にしていることを教えてくださいました。モーセは神さまから教えられた御言葉をみんなに伝えました。モーセとイスラエルの人たちと同じように神さまは、わたしたちを大切にしてくださるお方です。

わたしたちのお祈り

神さまは、昔々イスラエルの人々をエジプトから脱出させてくださったお方です。

今もわたしたちのことを見ておられる神さま、イスラエルの人々がお腹をすかして困ったとき、パンやお肉をくださった神さま、イスラエルの人々を大切にしてくださったようにわたしたちのことを大切にしてくださって、ありがとうございます。

神さまがわたしたちを大切に思ってくださるように、わたしたちも神さまを大切に思う心をもつことができますように。

イエスさまのお名前によってお祈りいたします。

アーメン。

モーセ物語6「十の大切な約束」

文／矢野由美

聖書は新共同訳／《》は聖書協会共同訳

聖書箇所

出エジプト記 19章1節〜20章21節

暗唱聖句

あなたには、わたしをおいてほかに神があってはならない。

《あなたには、私をおいてほかに神々があってはならない。》

出エジプト記 20章3節

聖書解説

エジプトから脱出したイスラエルの民は、荒れ野の旅を続け、三月目《みつきめ》にシナイ山の荒れ野に到着します。モーセを山に連れ出された神さまはモーセに告げられます。「わたしはあなたたちをわたしの大切な宝として選んだ、あなたたちはわたしが与えた契約を守りなさいと民に言いなさい。」モーセがその言葉をイスラエルの民に告げると、民は「わたしたちは、主が語られたことをすべて、行います」（19・8）と答えました。神は濃い雲の中から臨在を示してくださいました。

「十戒《じっかい》」は旧約聖書の中心と言えるものです。神さまは十戒をとおして神と人、人と人との関係をより確かなものとして示され、導いてくださいます。「わたしは主、あなたの神、あなたをエジプトの国、奴隷の家から導き出した神である。」（20・2）は、神さまの自己紹介です。神さまとはどのようなお方であるか、イスラエルの人たちとの関係を教え、示しています。苦難から救い出し神の民としてくださった、「そのわたしだよ」と言われるのです。

十戒は、旧約時代から始まり、新約時代以降、現代に至るまで大切にされてきた信仰生活の基本です。新約聖書にも引用される律法の箇所にこんな話があります。イエスさまに律法の中で一番大切な戒めは何ですか？と尋ねた人に、イエスさまはこう答えられました。

「『心を尽くし、精神を尽くし、思いを尽くして、あなたの神である主を愛しなさい。』これが最も重要な第一の掟である。第二も、これと同じように重要である。『隣人を自分のように愛しなさい。』」（マタイ22・37〜39）

このイエスさまの掟は十戒の基本を言い表わしています。20章3節〜11節は、神さまを愛する約束、そして12節〜17節は人を愛する約束です。そしてこの約束を守るならわたしたちは恵みを得ることができ、祝福を受けるのだと教えてくださるのです。

豆知識

〈**「ホレブ山」**〉別名「シナイ山」として他の箇所にも登場します。出エジプト記18・5には「神の山」と記載されていますが、神が住む山、聖なる山との意味があります。「シナイ山」は、エジプトのシナイ半島にある（現在ジュベル・ムーサ）のことだと言われます。標高2276メートルは、富士山の標高3776メートルより低い山ですが、南側にはさらに高い峰がいくつかあり、登頂困難な峰とされています。ジュベル・ムーサの近くには平地があり、麓で宿営したという記述と一致します。山のまわりには境が設けられ、「山に登らぬよう、また、その境界に触れぬよう注意せよ」「角笛が長く吹き鳴らされるとき、ある人々は山に登ることができる」と出エジプト記19・12〜13に出てきます。

お話の例

イスラエルの人々がエジプトの国を出てから3ヶ月が経ちました。

モーセはエジプトから助け出してくださった神さまに会うために、山に登って行きました。モーセが山に着くと神さまはこう言われました。「モーセ、あなたは、イスラエルの人たちにこう言いなさい」「あなたたちがわたしの声を聞いて、わたしとの約束を守るならば、わたしはあなたたちをわたしの宝とする。」モーセは、山から下りてイスラエルの人々に神さまの言葉を伝えました。

モーセがもう一度山に登ると、神さまは「わたしの言葉を聞きなさい」と言われました。モーセは山から下りてイスラエルの民に神さまからの10の約束を伝えました。神さまは濃い雲の中から「わたしはここにいる。10の約束を守って大切にするのだよ」と言っておられるようでした。その言葉を聞いたイスラエルの民は、「分かりました」「私たちは主が語られたことをすべて守ることを、約束します」と答えました。

それは、こんな約束でした。

「わたしはエジプトの国からあなたたちを助けた神です。

・わたしの他に神があってはなりません。
・あなたは神の像を造ってはいけません。
・わたしの他に形のあるものをおがんではいけません。
・あなたは、神の名前を勝手に唱えてはいけません。
・週の七日目は安息の日です。仕事を休んで神さまを礼拝しましょう。
・お父さん、お母さんを敬いましょう。
・殺してはいけません。
・みだらなことをしてはいけません。
・盗んではいけません。
・他の人のものを欲しがってはいけません。」

イスラエルの人たちがこの話を聞いていた時、雷が鳴り、笛の音が聞こえました。山は煙に包まれていました。イスラエルの人たちは、神さまがわたしたちにこの守るべき約束を教えてくださったことは本当だと思い、恐ろしくなりました。モーセは人々に言いました。「怖がってはいけません。神さまは、わたしたちを宝のように大切だと言われました。これは、わたしたちを悪いことから守るための大切な約束です。この約束をいつも唱え、忘れないように大切にして生活しましょう。」

神さまがモーセに教えて下さった10の約束は、昔の約束ではないのです。今もわたしたちの間で大切にされています。多くの教会の礼拝の中で唱えられています。神さまは今も、わたしたち人間が幸せにくらすために、人間が悪いことをしないように、悪い世の中になることがないように、「10の約束を守ってね。忘れないでみんなで大切にしてね」とおっしゃっておられます。なぜなら、神さまは、わたしたちを宝と言ってくださっているのですから。10の約束を覚えて大切にしましょうね。

わたしたちのお祈り

神さまは、昔々モーセを通して、イスラエルの人々に10の約束をしてくださいました。

「あなたはわたしの宝だよ…」と言ってイスラエルの人々にくださった神さまの約束です。この10の約束は、今もわたしたちが幸せにくらすために教えてくださっています。このような素晴らしい約束をわたしたちにくださったことを本当にありがとうございます。

どうぞ、この約束を忘れないで、いつも覚えて大切にして生活することが出来ますように、わたしたちを導いてください。イエスさまのお名前によってお祈りいたします。

アーメン。

誘惑を受ける

文／大澤秀夫

聖書は新共同訳／《 》は聖書協会共同訳

聖書箇所

マタイによる福音書４章１節～ 11 節

暗唱聖句

『人はパンだけで生きるものではない。神の口から出る一つ一つの言葉で生きる』

《『人はパンだけで生きるものではなく／神の口から出る一つ一つの言葉によって生きる』》

（マタイによる福音書４章４節）

聖書解説

新約聖書の始まりに、イエスさまの言葉とおこないが記されている四つの福音書があります。それが福音書と呼ばれるのは、イエスさまがすべての人々にとっての福音、つまり良い知らせであることを表しています。悪魔の誘惑の物語では、イエスさまがどのような意味で福音であるのかがはっきりします。

聖書の小見出しの下にマルコによる福音書1章12節～13節、ルカによる福音書４章１節～13節とあるのは、同じエピソードがそこにも出てくるということです。読み比べると大事な共通点があります。この出来事がイエスさまの洗礼と、伝道開始の間に起こっていることです。イエスさまの生き方の原則が、その生涯の始めに描き出されるのです。

イエスさまが洗礼を受けると、天から「これはわたしの愛する子、わたしの心に適う者」（３・17）という声が聞こえました。神さまの声によって、イエスさまが神の子であることが確かめられました。その後、イエスさまは霊によって荒れ野に導かれ、悪魔と対決します。その中で、イエスさまは悪魔の誘いではなく、神さまに従うことを明らかにされました。

順序は違いますが、ルカとマタイには同じ悪魔との三つの問答が出てきます。マルコにはこの問答が出てきません。

第一の問答はこうです。40日間も断食をして空腹になったイエスさまに、悪魔は「神の子なら、これらの石がパンになるように命じたらどうだ。」（３節）と言いました。「人はパンだけで生きるものではない。神の口から出る一つ一つの言葉で生きる」（４節）と、イエスさまはお答えになります。

第二に、悪魔はイエスさまを神殿の屋根の上に連れていき、「神の子なら、飛び降りたらどうだ。（中略）天使たちは手であなたを支える」（６節）と、イエスさまを挑発しました。しかし、イエスさまは「あなたの神である主を試してはならない」（７節）と答えて、その誘いに乗りませんでした。

第三に、これが最後です。悪魔はイエスさまを高い山に連れて行き、世界中の繁栄を見せて言います。「わたしを拝むなら、これをみんな与えよう」（９節）イエスさまは言いました。「退け、（中略）ただ主に仕えよ」（10節）。

悪魔の誘惑は親切なようですが、結局、どの問いにおいても「自分中心の生き方、自分のためにだけ生きろ」と言って、イエスさまを誘惑しているのです。悪魔のささやきはいつも同じです。わたしたちを神さまから引き離そうとするのです。けれども、イエスさまは神さまを信頼し、神さまのお心を一番大切にする生き方を現わされました。イエスさまが神の子であるということの、それがしるしでした。

お話の例

イエスさまが洗礼者ヨハネから洗礼をお受けになったとき、ヨルダン川の水の中から上がってくると、天から声が聞こえてきました。「これはわたしの愛する子、わたしの心に適う者」という声でした。

イエスさまは「ああ、そうなのだ」と思いました。天の父なる神さまが、イエスさまに話しかけてくださったのです。「君はわたしの大切な子ども。わたしの心を誰よりもよく知っていて、わたしの願うことをしてくれる。」神さまの声は、イエスさまの心に沁み込んでいきました。

この時からイエスさまは、自分が神さまの子としてどうしたら良いのかを、いつも考えるようになりました。神さまのお心を世界中の人々に届けるために、どうしたら良いのかとお祈りするようになったのです。

ですから、人がだれもいない寂しい場所、石ころだらけの荒れ野に行くように神さまから言われた時も、イエスさまは少しも怖くはありませんでした。お祈りする時、イエスさまはそういう所に行くことがよくあったからです。何日も、何日も荒れ野にいて、40日経ったとき、イエスさまはお腹がペコペコになりました。

その時、突然、声が聞こえてきました。それは神さまではなく、悪魔のささやく声でした。「お前が神の子だっていうのなら、何でもできるのだろう。そこに転がっている石をパンにして食べたらどうだ。そうすれば、お腹がいっぱいになるぞ。」

けれども、イエスさまは石をパンに変えようとはしませんでした。そして、悪魔に言いました。「人はパンだけで生きるのではない。神さまからいただく一つひとつの言葉で生きるのだ。」

イエスさまは、病気の人を治してあげたり、すばらしいお話をなさった方ですから、そんなことは何でもなかったのだと思います。たくさんの人々がイエスさまの話を聞きにきたのに、食べ物がなくて困ってしまった時に、イエスさまは五つのパンと二匹の魚だけで、みんなのお腹をいっぱいにしてあげたのです。

でも、この時、イエスさまはそうなさいませんでした。神さまからいただいた力を、みんなのためには使いましたが、自分のためには使わなかったのです。「あなたの力を神さまのために、そしてみんなのために使いなさい。」それがイエスさまのお考えでした。神さまの言葉を大切にすることで、わたしたちは生きていくのです。

そこで悪魔は、今度はイエスさまをエルサレムの都に連れて行き、高い神殿の屋根の端っこに立たせました。「お前が神の子なら、ここから飛び降りてみろ。神さまはお前を守ってくれるのだろう？」

悪魔はよっぽど、イエスさまが神さまの子であることが気に入らないのですね。イエスさまは答えました。「神さまを試してはいけない。」自分の力を自分勝手に使ってはいけません。どうしてかというと、わたしたちの力は神さまからいただいたものなのです。この時も、イエスさまは悪魔の言うことをお聞きになりませんでした。

いよいよ三番目です。悪魔は最高の宝物をイエスさまに見せようとして、イエスさまを高い山のてっぺんに連れて行きました。「さぁ、見てごらん。世界中の都と、そこにあるすばらしい宝物、そしてお金、『すごいぞ、すごいぞ』って誉めてくれるみんなの言葉。全部、お前にあげよう。もし、神さまでなく、わたしを拝むなら」と、悪魔は言いました。

そうなのです。悪魔というのは、わたしたちを神さまから引き離すもののことです。神さまを忘れさせようとする力のことです。けれども、イエスさまは神さまといつも一緒です。「悪魔よ、むこうに行きなさい。わたしは神さまを拝みます。神さまを大切に、神さまについて行きます。」悪魔はイエスさまを負かすことができないので、とうとう離れて行きました。イエスさまこそ、神さまが遣わしてくださった神の子なのです。

地の塩、世の光

文／大澤秀夫

聖書は新共同訳／《 》は聖書協会共同訳

聖書箇所

マタイによる福音書５章13節～16節

暗唱聖句

あなたがたは地の塩である。

《あなたがたは地の塩である。》

（マタイによる福音書５章13節）

聖書解説

マタイによる福音書5～7章は「山上の説教」と呼ばれます。それは「イエスはこの群衆を見て、山に登られた。」（5・1）とあるからです。ここにはイエスさまの有名な言葉がたくさん集められています。山の上で腰をおろされたイエスさまの近くにはお弟子さんたちがすわり、それを囲んで群衆がイエスさまの言葉に耳を傾けています。

「あなたがたは」と、イエスさまは言われました。「あなたがた」というのは、もちろん弟子たちと、そのまわりにいる人々のことです。でも、その中に今、聖書を読んでいるわたしたちを含めても、それは決して間違いではありません。イエスさまはわたしたちに話しかけていてくださるのです。

イエスさまは二つのたとえを話されました。それは第一に「塩」、そして第二が「光」です。

塩はとても役に立ちます。料理の味付けに使われますし、塩は食べ物が腐るのを防ぎます。そして塩は私たちが生きていくために絶対必要なものです。ですから、塩がその味を失ったら大変です。当時の塩は不純物を多く含んでいました。役に立たない塩は投げ捨てられてしまいます。

光も同じです。どんな暗闇でも小さな光がひとつあったら、暗闇はもう闇ではなくなります。けれども、明かりを机の下に置いてしまったら、その光は役に立ちません。家中を明るく照らすために、ともし火は燭台の上に置くのです。

「あなたがたは地の塩であり、世の光である」と、イエスさまは言われました。「とんでもない。わたしたちにはそんな力はありません。何の役にも立ちません」と言ってはなりません。

どうしてかというと、真の光であるイエスさまがこの世界に来てくださったからです。わたしたち一人ひとりを大切にしてくださる神さまの愛を現わす光として、イエスさまは来てくださいました。イエスさまの光を受けて、今度はわたしたちが光となって、人々の前に神さまの光を輝かす（16節）のです。それは太陽に照らされる月が光るのと似ています。

心配はいりません。わたしたち自身が立派である必要はありません。すごいことができなくても大丈夫。イエスさまなしでは生きていけない自分の、そのまま全部をみんなの前に見せましょう。イエスさまが光です。一人ひとりを無条件で、何の資格がなくても、大切にしてくださるイエスさまがおられます。イエスさまを紹介すること、それが世の光として生きることです。イエスさまを信頼して生きる時、わたしたちは「地の塩・世の光」の働きをします。日毎に出会う一人ひとりを大切にしなさい、とイエスさまは言われます。

お話の例

イエスさまのお話を聞きに、たくさんの人々が集まってきました。イエスさまのお話は素晴らしいからです。ちっとも偉そうに話すのではありません。でもイエスさまのお話は聞いているうちに、心の底から「そうだな」と思えてうれしくなったり、心の底から「悪かったな」と思えて「ごめんね」と言えたりするようになるからです。

「イエスさまにお会いすると、うれしくて、力が湧いてくるな」と思うと、まわりの人に「イエスさまの話を聞きに行こう」と言いたくなります。そんなわけで、いつもイエスさまのまわりには、たくさんの人たちが集まってきました。

ある日のこと、イエスさまはこんなお話をなさいました。「素晴らしいな、君たちは地の塩だ、世の光だよ。」聞いていた人たちはビックリして、「ええ、どういうこと?」って思いました。どうして自分たちが塩なのか、光なのか、ちっとも分からなかったからです。ですから今日は、そのことを一緒に考えましょう。

塩には、とても大切な働きがあります。料理に味を付けるためには塩がなくてはなりません。塩は食べ物が腐らないようにする働きもあります。そして一番大切なことは、塩がないと人間は生きていけないということです。汗はしょっぱいでしょう。汗といっしょに塩が出ていくと、体の中の塩分が足りなくなってしまうのです。だから、塩はとても大切です。

光も同じです。光がなくなったら、わたしたちは真っ暗闇の中で暮らさなくてはなりません。大変ですね。太陽の光は熱になってわたしたちを暖かくしてくれます。植物が酸素を作るためにも光がなくてはなりません。酸素がなくなったら、息ができなくて死んでしまいます。光もとても大切なものです。 ですから、イエスさまがみんなのことを地の塩、世の光であると言われたのは、とてもすごいことです。「君はとても大切だよ。君がいるとまわりの人が元気になるよ。君がいるだけで、みんながうれしくなるよ。心が暖かくなるんだ。」そんな風に言われたら、わくわくしてきませんか。

でも、イエスさまのお話を聞いた人たちの中には、「ええっ? そうなのかな」と心配になった人たちもいたようです。「自分には塩のような力や、光のような力なんか、絶対ないよ」と思ったのです。

みなさんはどうですか。同じ心配をしている人はいませんか。「だってわたしはまだ子どもだから、おとなの人のような強い力はないし、お金だって持ってないからダメだよ。」そんな風に思っている人はいませんか。

確かに、そうですね。でもおとなだって、できることはそんなにたくさんはないのです。だからみんなの力を合わせたらどうでしょう。力を合わせたら、もっといろいろなことがきっとできると思います。でも、もっと大切なことがあります。それはイエスさまの力をいただくことです。

「イエスさま、どうぞ神さまの力をかしてください。あなたはわたしたちを塩だと教えてくださいました。そして、世界を明るく照らすための光だと教えてくださいました。どうぞ、わたしたちを神さまのために働く塩にしてください。そして光にしてください」と、お祈りしましょう。

イエスさまこそ、すばらしい効き目のある塩のような方です。食べ物の中に沁み込んで、おいしい料理を作る塩のように、イエスさまはわたしたちの世界においでになり、命を与えてくださいました。イエスさまはわたしたちの世界においでになり、明るい光となって人々に神さまの光を照らしてくださいました。だから、お祈りしましょう。「イエスさま。どうぞ、わたしたちを塩にしてください。あなたの光を輝かす者にしてください。」

人を裁くな

文／大澤秀夫

聖書は新共同訳／《 》は聖書協会共同訳

聖書箇所

マタイによる福音書 7章1節～6節

暗唱聖句

まず自分の目から丸太を取り除け。

《まず自分の目から梁を取り除け。》

（マタイによる福音書 7章5節）

聖書解説

「人を裁くな」と、イエスさまは言われました。最近、ネット上で「炎上」という言葉を聞きます。その人のことをよく知らないのに非難したり、中傷する言葉がたくさん投稿されて大騒ぎになります。たぶんネットだと顔が見えないし、名前も出さないで済むので気楽に発信してしまうのでしょうか。あるいは大勢の人と一緒に非難や悪口を言うことで、腹の立つことや自分の嫌な気持ちを発散することができるのかも知れません。

しかし、これは決して他人事ではありません。自分はそんなことはしないと思っている人でも、つい自分の基準で他人を測り、良いとか悪いとか言ってしまうことがあるからです。そして、そんな時、わたしたちの物差しは自分に甘く、他人に厳しいことが多いのです。

人を裁く者にむかって、イエスさまは「あなたがたも裁かれないように」（1節）と警告されました。他の人を裁く人が忘れている大事なことがあります。それは、必ず自分が裁かれる時が来ることです。誰一人例外なく、神さまの前に立つ時がきます。裁くことができるのはわたしではなく、ただ神さまだけであることを忘れてはなりません。

イエスさまはここで痛烈なたとえを話されました。「あなたは、兄弟の目にあるおが屑は見えるのに、なぜ自分の目の中の丸太に気づかないのか。」（3節）「おが屑」というのは、木のけずりかすのことです。目の中に入ったごみは、どんなに小さくても痛くてたまりません。自分の目の中のゴミは取れないので、誰かに取ってもらわなくてはなりません。「それなのに、君は自分の目の中に丸太が入っているのに気がつかないのか。いったい誰がそれを取り除いてくれるのか」とイエスさまは言われました。

イエスさまが、どのように人を裁かれたのかを思い出しましょう。イエスさまは決して人の犯した罪や過ちをどうでもよいことだと無視されませんでした。悪いことは悪いと言われたのです。けれども、それは「もうダメだ」と言って放り出してしまうのでなく、いつも神さまのもとへ連れ戻し、もう一度新しく生きることができるようにするためでした。イエスさまの裁きは、その人を神さまの赦しに導くためだったのです。一人ひとりの尊い命を踏みにじることなく、その人を愛の神さまのもとに導き、新しく生きる力をお与えになったのがイエスさまでした。「自分のことを棚に上げて、自分勝手な物差しで人を裁く者よ。裁くな、生かせ、そして、共に生きよ」と、イエスさまは言われます。

お話の例

イエスさまが喜ばれるのは、どんな子どもだと思いますか。先生の言うことをよく聞く良い子でしょうか。それとも勉強もスポーツもなんでもできる元気な子でしょうか。

でも、みんながそんな子どもになれるわけがありません。わたしは子どもの頃、足がとっても遅かったので運動会がいつも嫌だなと思っていました。速く走れる人がうらやましかったのです。イエスさまはどんな子が好きだったのか、本当に知りたいと思います。やっぱりみんながステキだと思う子を、イエスさまも好きだったのでしょうか。

聖書の中にこんな話があります。エリコという町にザアカイという人がいました。ザアカイはお金持ちでしたが、友だちがいませんでした。町の人たちから嫌われていたのです。

それは仕方がないことでした。そのころ、ユダヤの国は戦争に負けて、外国の人たちが国を治めていたのです。ザアカイはよその国の人たちのために働いて、お金を集めて暮らしていました。だから、ザアカイは町の人たちから「嫌な奴だよ。よその国のために働いて自分だけ金持ちになっている」と思われていたのです。

ザアカイもそんな町の人たちの気持ちは分かっていましたので、知らんぷりしていましたが、この日ばかりは、そうも言っていられません。イエスさまがエリコの町にやって来るという噂を聞いたからです。ザアカイはイエスさまが「どんな人なのか、ぜひ見たいものだ」と思ったのです。

町の通りには、たくさんの人たちが集まっていました。ザアカイは前に出て行って、イエスさまを見ようとしましたが、どうしても行けません。背が低いザアカイはイエスさまを見ることができませんし、困っているザアカイを助けてくれる人は一人もいませんでした。

ザアカイは良い考えを思いつきました。先回りして、道の先にある木の上によじ登ったのです。そんなことをしたら馬鹿にされるかなと思いましたが仕方ありません。ザアカイは、どうしてもイエスさまを見たかったのです。

ザアカイはびっくりしました。イエスさまが木の下に来た時、立ち止まったのです。そして上を見上げて言いました。「ザアカイ、急いで降りて来なさい。今日は、ぜひあなたの家に泊まりたいから。」どんなにうれしかったことでしょう。ザアカイは木から飛び降りて、急いでイエスさまの所に行きました。

どうしてイエスさまはザアカイの名をご存じだったのでしょうか。どうしてかは分かりません。でもとにかくイエスさまはザアカイのことを知っていて、呼んでくださったのです。すると、町の人たちはブツブツ文句を言い出しました。「どうしてザアカイの家なんかに泊まるのだろう。あんなに評判の悪い人の家にイエスさまが泊まるなんて。ちゃんとした人がたくさんいるのに。」町の人たちはザアカイのことが嫌いだったので、友だちのいないザアカイの寂しい気持ちが分かりませんでした。そして、イエスさまをお迎えしたザアカイの喜びを感じ取ることもできなかったのです。

町の人たちがザアカイのことを、自分の考えで「悪い人だ」と決めつけて仲間外れにしたように、わたしたちも誰かを裁いてしまうことがあります。だからイエスさまは「気をつけなさい」と言われたのです。

わたしたちはなかなか他の人の気持ちを分かることができないのです。でもイエスさまは言われました。「ザアカイさん、わたしは君の気持ちがよく分かるよ。だから、今日は君の家に泊めてもらうよ。ゆっくり話そう。」その時、ザアカイの気持ちはすっと軽くなりました。そしてザアカイは言いました。「イエスさま。わたしは自分のお金の半分を困っている人たちにあげます。もし、わたしが何か悪いことをしていたら四倍にして返します。」

イエスさまのお喜びになることは、人を裁くことではなく、みんなが一緒にうれしく暮らすことなのです。

狭い門

文／大澤秀夫

聖書は新共同訳／《 》は聖書協会共同訳

聖書箇所

マタイによる福音書 7章13節～14節

暗唱聖句

狭い門から入りなさい。

《狭い門から入りなさい。》

（マタイによる福音書 7章13節）

聖書解説

イエスさまは、二つの門について話されました。第一の門は広く、その道は広々としています。そして、その門から入る人は多いのです。しかし、第二の門は狭く、その道も細く、その門を見つけ出す人は少ないのです。

　これだけでしたら、当たり前の話です。広くて歩きやすくて、みんなが行くからわたしも行こう。細くて大変、誰も行きそうもないからやめておこう。そういう話です。

　しかし、二つの門には根本的な違いがあります。広い門は「滅びに通じる門」（13節）であり、狭い門は「命に通じる門」（14節）です。広さとか、狭さとかが問題ではありません。それは永遠の命に関わることなのです。ですから、イエスさまの言われることははっきりしています。「命に通じる、狭い門から入りなさい」と命じるのです。

　「わたしは羊の門である。」（ヨハネ10・7）と、イエスさまが言われたことがあります。門から入った羊は牧草にありつくことができます。イエスさまは不安で危険な世界から、神さまにつながる命の世界へと移っていく門です。

　イエスさまの門は決して狭くありません。イエスさまは「門をたたきなさい。」（7・7）と教えられました。「だれでも、求める者は受け、探す者は見つけ、門をたたく者には開かれる。」（7・8）「あなたがたの天の父は、求める者に良い物をくださるにちがいない。」（7・11）。

　それでもなお、その門が狭いと言われるのはなぜでしょうか。それは信仰の道をたどることは困難をはらんでいるからです。最初のクリスチャンたちは、同じ時代の人々から厳しい迫害を受けました。迫害を恐れてクリスチャンになるのをためらう人や、教会を離れて行く人がいたのです。

　ですから、イエスさまが「狭い門」という時、そこには半分の嘆きと半分の怒りが込められていたことでしょう。「群衆が飼い主のいない羊のように弱り果て、打ちひしがれているのを見て、深く憐れまれた。」（9・36）。イエスさまは声を強めて「狭い門から入りなさい。」（13節）と言われました。たとえ、そこに困難があるとしても「あなたはわたしについて来なさい」と言われたのです。

　イエスさまに従うためには、どうしたら良いのでしょうか。「人にしてもらいたいと思うことは何でも、あなたがたも人にしなさい。」（7・12）と、イエスさまは教えられました。神さまの御心は、隣人と共に生きることです。わたしたちに対する神さまの愛を信じ、隣人を大切にし、共に生きること、それがイエスさまの門に入ることであり、イエスさまの道を歩くことなのです。

お話の例

「広い門と、狭い門の二つがあります」と、イエスさまは話し始めました。

「広い門か。それなら知っているぞ」と、お弟子さんたちは思いました。エルサレムの都には、大きくて広々とした立派な門があるのです。いつも大勢の人が行ったり来たりしています。世界中からやって来た人たちが、門をとおって中に入って行きます。大きな荷物をかついだ人がとおります。たくさんの牛や羊もひかれて行きます。それはそれは賑やかで、見ているだけでうれしくなってしまいます。それが、イエスさまの言われる広い門でしょうか。イエスさまのお話を聞きながら、弟子たちは考えました。

続いて、イエスさまは、もう一つの門のことを話されました。とっても狭くて、人が一人しかとおれません。道も細くてデコボコです。そんなわけで、その狭い門をとおる人はあまりいません。見つける人も少ないのです。

「君たちはどちらの門を通りますか」と、イエスさまは尋ねました。お弟子さんたちは何と答えたでしょう。みなさんは、どちらを選びますか?

たぶん「広い門」ではありませんか。広い門の道の方がだんぜん歩きやすいし、それに、みんなでいっしょに行くほうが安心ですよね。だから、わざわざ苦労して「狭い門」に行く人は少ないのです。

そんなふうに、お弟子さんたちが考えていると、イエスさまは言われました。「でも、門を選ぶときに大切なことは、その門がどこにつながっているかということですよ。君たちはその門をとおって、いったいどこへ行くつもりなんだろう。」お弟子さんたちは、「ああ、そうか」と思いました。

広くて、きれいな門でも、その門の先が行き止まりだったら、どうでしょう。歩いても、歩いても、どこにも行きつかなかったら、歩いたことの全部が無駄になってしまいます。どんなに狭くても、歩くのが大変でも、その門が行きたい所につながっているのなら、その門から入って行かなければならないのです。ですから、大切なことは、その門がどこにつながっているかということです。

そこで、イエスさまはお弟子さんたちにおすすめになりました。「狭い門から入りなさい。神さまのお心にかなう、イエスさまにつながっている門から入っていきなさい。」それが大切なことなのです。

そこで、お弟子さんたちはイエスさまに尋ねました。「イエスさま、あなたの門に入るためには、どうしたらよいのですか。イエスさまについて行く方法を教えてください。」

すぐにイエスさまは教えてくださいました。「君たちがほかの人にしてもらいたいことは何でも、君たちもほかの人にしてあげなさい。それが神さまのお喜びになること、それが命につながる道ですよ。」

イエスさまは「ほかの人にしてもらいたいこと」って言いましたね。みなさんだったら、ほかの人に何をしてもらいたいですか。何をしてもらった時に、みなさんは元気になりますか。うれしくなりますか。

わたしだったら、それは「自分のことを大切にしてもらうこと」です。もし、あなたが一人ぼっちでいる時に、「君のこと大好きだよ」って言ってくれる人がいたら、とてもうれしくなりますね。イエスさまはいつも、みんなにそうしてくださったのです。病気の人がいたら、イエスさまはそばに行って、お祈りしてあげました。仲間外れになっている人がいたら、そばに行って「大丈夫だよ、わたしがいっしょにいるよ」と言ってあげたのです。その時、その人は、神さまが自分と一緒にいてくださることが、よく分かったのです。

イエスさまが、わたしたちのことをとても大切にしてくださったのですから、わたしたちも自分のことを大切にしましょう。そして、ほかの人たちを大切にしましょう。それがイエスさまの門をとおって、わたしたちも神さまの命をいただきましょう。

聖霊の力を受ける

文／大澤秀夫

聖書は新共同訳／《 》は聖書協会共同訳

聖書箇所

使徒言行録 2章1節～13節

暗唱聖句

あなたがたの上に聖霊が降ると、あなたがたは力を受ける。

《あなたがたの上に聖霊が降ると、あなたがたは力を受ける。》

（使徒言行録 1章8節）

聖書解説

復活されたイエスさまは40日にわたって弟子たちの前に現れ、ご自分が生きておられることを現わされました。そして、弟子たちに「エルサレムを離れず、前にわたしから聞いた、父の約束されたものを待ちなさい。」（1・4）と命じました。それは洗礼者ヨハネが授けたような水の洗礼ではなく、「聖霊による洗礼」でした。「あなたがたの上に聖霊が降ると、あなたがたは力を受ける。そして、エルサレムばかりでなく、ユダヤとサマリアの全土で、また、地の果てに至るまで、わたしの証人となる。」（1・8）

話し終わるとイエスさまは、弟子たちの見ているうちに天に上げられ、見えなくなりました。使徒たちは、イエスさまの言われたことの意味がはっきり分かったわけではありませんでしたが、イエスさまの命令と約束を忘れずに、エルサレムに集まっていました。

さて、五旬祭の日のことです。弟子たちがひとつに集まっていると、あの事件（2章）が起きたのです。突然、弟子たちがみんな、声をあげて祈り始めました。誰かが言い出したわけではありませんし、命令したのでもありません。部屋中に激しい風が吹いて来るような音が天からひびき、燃えあがる炎が一人ひとりの上にとどまって、心の内が熱くなり、口から言葉がつぎつぎに湧いてきました。しかも、それは自分の知らない言葉でした。

この物音を聞いて、たくさんの人が集まって来ました。その頃、エルサレムの都には世界中から人々が集まって来ていましたので、彼らはびっくりして言いました。「どうしてわたしたちは、めいめいが生まれた故郷の言葉を聞くのだろうか。」（8節）、「話をしているこの人たちは、皆ガリラヤの人ではないか。」（7節）「彼らがわたしたちの言葉で神の偉大な業を語っているのを聞こうとは。」（11節）「いったい、これはどういうことなのか」（12節）と互いに言い合ったのです。

しかし、これは決してデタラメな出来事ではありません。なぜなら、弟子たちの言葉は一人ひとり違っていても、中身はみんな、一つのことを話していたからです。そんなことは聖霊の導きがなくては起こるわけがありません。弟子たちはイエスさまをとおして現わされた、神さまの偉大な働きを語っていたのです。

こうしてイエスさまを証しする、世界で最初の教会が生まれました。この教会により、福音がエルサレムから始まって、地の果てにまで伝えられるようになりました。それは人間の働きではなく、聖霊の働きです。ですから、この日は聖霊降臨日（ペンテコステ）と呼ばれます。

お話の例

今日は聖霊降臨日のお話をします。「聖霊降臨日」という言葉はよく知らないかもしれませんね。では、ゆっくり話しますから、耳をすまして聞いてください。

十字架につけられたイエスさまが、お弟子さんたちの前に現れた時、お弟子さんたちは最初ビックリして、信じることができませんでした。それはそうです。イエスさまが亡くなったのを、お弟子さんたちはちゃんと見たのですから。それに、亡くなったイエスさまの体をお墓にお納めしたのですから。

怖がっているお弟子さんたちに、イエスさまは「大丈夫。わたしだよ、ここにいるのはわたしだ。手も足をよく見てごらん。さわってごらん」と言いました。そして、そこにあった食べ物をムシャムシャ食べて見せたのです。

ようやくお弟子さんたちも、イエスさまが生きていらっしゃることが分かりました。まだ不思議だなと思ってはいましたが、イエスさまが一緒にいてくださることが、とてもうれしくなりました。これが、イエスさまが復活なさった出来事です。

それから、40日の間、イエスさまはお弟子さんたちと一緒に過ごして、天の神さまのもとに帰って行かれました。その時、イエスさまはお弟子さんたちにお命じになりました。「エルサレムの町を離れないで、神さまの約束を待っていなさい。」

その約束というのは、お弟子さんたちに聖霊を与えてくださるという約束でした。「聖霊」というのも新しい言葉ですね。聖霊というのは、神さまからいただく、目には見えない神さまの力のことです。聖霊は、わたしたち一人ひとりの心の中に入ってくださって、わたしたちといつも一緒にいてくださるのです。そして、イエスさまのことをよく分かるようにしてくださいます。聖霊をいただくと、わたしたちは、目には見えなくても、いつもイエスさまと一緒にいることができるようになります。

ですから、お弟子さんたちはイエスさまの言われた通り、神さまの約束の聖霊をいただくために、エルサレムの町を離れないで、待っていました。そして、とうとう五旬祭の日が来たのです。

五旬祭は、ユダヤの国の大事なお祭りの日です。お弟子さんたちは心を合わせてお祈りしていました。すると突然、お弟子さんたちの口から知らない言葉が次々に出てきました。「そうしよう」って誰かが言い出したわけではありません。命令されたのでもありません。

天から激しい風が吹いて来るような音がして、燃え上がる火が一人ひとりの上にとどまると、心の中が熱くなって、神さまを賛美する言葉が、次々にみんなの口から湧いて来ました。

「いったい何が起こったのだろう」、この物音に驚いて、大勢の人が集まって来ました。その中には世界中からエルサレムに来ていた人たちもいましたが、驚いて言いました。「どうしてわたしたちは自分たちの故郷の言葉を聞くのだろう。それだけじゃない。この人たちからわたしたちの言葉で、神さまがすばらしいことをしてくださった、と聞くなんて。」

これが聖霊降臨日に起こったことでした。「降臨」というのは、「神さまのところからやって来る」という意味です。神さまのところから聖霊がやって来たのです。お弟子さんたちに、神さまからの力が与えられました。それが聖霊降臨日です。

イエスさまが一緒にいてくださることが、心の底から分かったお弟子さんたちは、この日から、イエスさまのことをみんなに教えてあげるようになりました。聖霊をいただくと、勇気が湧いてきます。イエスさまを信じる人たちが次々と増えていきました。生まれた国が違う人も、言葉が違う人も、いろいろな人がいても大丈夫です。イエスさまを中心につながっているからです。教会はエルサレムの町から始まって、世界中に広がっていきました。こうしてみなさんの町の教会も生まれたのです。聖霊降臨日は、世界中の教会の誕生日なのです。

受胎告知

文／河田 優

聖書は新共同訳／《 》は聖書協会共同訳

聖書箇所

ルカによる福音書 1 章 26 節～ 38 節

暗唱聖句

「おめでとう、恵まれた方。主があなたと共におられる。」

《「おめでとう、恵まれた方。主があなたと共におられる。」》

（ルカによる福音書 1 章 28 節）

聖書解説

クリスマス物語の中でも人気の場面、いわゆる「受胎告知」の出来事です。聖誕劇では美しい、喜ばしき場面として演じられますが、天使のお告げはマリアにとって歓迎できるものではありませんでした。まず、そのことからお話を考えていきましょう。

マリアが住んでいたナザレは小さな村であり、「ナザレから何か良いものが出るだろうか」（ヨハネ1・46）と言われていました。このマリアの前に突然、天使ガブリエルが現れます。

「おめでとう、恵まれた方。主があなたと共におられる。」（28節）「あなたは身ごもって男の子を産むが、その子をイエスと名付けなさい。」（31節）

新しい命を宿すことは女性にとって大きな喜びですが、マリアは「どうして、そのようなことがありえましょうか。」（34節）と戸惑います。なぜならマリアにはヨセフという婚約者がいたからです。当時の律法では婚約者のいる女性が他の男性との間に子を宿した場合、石を投げつけることになっていたのです。それほど罪深いことですから、マリアがこの言葉を受け入れられないことはよく分かります。

もうひとつ考えられることは、マリアを紹介する「おとめ」という言葉は、ここでマリアが言う「男の人を知らない」の意味に加えて、「若い・年端もいかない」という意味もあることです。この時マリアは15歳にもならない年齢だったとも言われます。自分のお腹に新しい命を宿す、それも「いと高き方の子」と呼ばれる存在である。そのことを受け止めるにはマリアはまだ幼かったのです。マリアは自分に託された使命の大きさに戸惑ったに違いありません。特にさまざまな家庭の事情がある現代において子どもたちに話をする場合は、未婚者の妊娠という律法における不貞の罪を話すことには少し慎重になり、年若い娘であるマリアが自分に起こったあまりにも大きな主の御業《みわざ》を耳にした戸惑いについて話した方が良いかもしれません。

しかし、最終的にマリアは「お言葉どおり、この身に成りますように。」（38節）と御使いの言葉を受け止めます。ある英訳は「Let it be to me according to your Word.」ですが、別の訳（New RSV）では、to me が with me になっています。to me は、この出来事が「わたしのところにやって来て起こる」ということですが、そこに with me の意味を加えることも大切でしょう。つまり「わたしのもとにきた言葉」が「わたしと共にある言葉」となったのです。神の子を宿すという驚くべき出来事をマリアが受け止めることができたのは、主は来られ、共にあるという信頼であり、その信頼のうちに神の子が宿るのです。

お話の例

ここはナザレという小さな村。マリアという女の人がいました。マリアには結婚を約束したヨセフという人がいましたが、結婚するにはまだ年が若いため、彼女は家族と一緒に暮らしていました。水を汲んだり、洗濯をしたりするのがマリアの仕事。時にはお母さんと一緒にお料理もします。マリアは家族みんなと仲良く過ごしながら、やがて大好きなヨセフと結婚する日を楽しみに待っていたのです。

そんなある日のことです。ビュー、ビュー。その日は強い風が吹いていました。扉をしっかりと閉めたマリアは部屋の中で一人、静かに目を閉じて神さまにお祈りをしていました。ふと部屋の中に誰かいるような感じがしたので、そっと目を開けてみると人が立っていたのです。マリアはとても驚きましたが、すぐに思いました。

「この人はきっと天使に違いない。」

扉も閉めきっていたのに、気付かれない間に目の前に立っているなんて、普通の人にはできないことだからです。またそのお顔はとても優しく、その目は静かにマリアを見つめていたからです。

天使は言います。

「おめでとう、恵まれた方。主があなたと共にいますよ。」

マリアはどうして天使が自分に「おめでとう」というのか意味が分からず黙っていると、天使は続けて言いました。

「マリアさん。恐れなくてもいいですよ。あなたのお腹に男の子が与えられました。生まれたらイエスと名付けなさい。この子は新しい王として、聖なる者、神の子と呼ばれますよ。」

マリアは驚きました。そして困りました。マリアは、このナザレの村で家族と一緒に過ごす静かな生活が好きでした。もちろん、やがて結婚するヨセフのことも大好きですが、いきなり赤ちゃんがお腹にいると話したらヨセフはどう思うでしょう。きっとヨセフも驚くでしょう。困るに決まっています。マリアにしてもまだ若い自分がお母さんになるなんて、とても考えられません。それに生まれる赤ちゃんは新しい王さまとなる男の子だと天使は言います。マリアにとってはそんな大それたことよりも、今、家族や仲の良いヨセフと楽しく過ごしている毎日の方がよっぽど大切なのです。

困ったマリアは天使に言います。

「まだわたしは結婚もしていないのに、どうしてそんなことが起こるのですか。」

天使は答えます。

「その子は神さまの聖霊によって宿りました。神さまにできないことは何一つないですからね。」

「神さまにできないことは何一つない。」

マリアは天使が告げたこの言葉を心の中で繰り返してみました。

「そうだ。確かに神さまは何でもできるお方だ。」

そうです。マリアは思い出したのです。家族と一緒にナザレの村で過ごしている幸せ。将来、結婚する大好きなヨセフと出会えたこと。そのようなことはマリアが頑張って手に入れたことではありません。マリアを大切に思う神さまがマリアにしてくださったことです。そして神さまはマリアが一人ぼっちで寂しい時には心の中に語り掛け、勇気が出ないときには励ましてくれました。だからマリアはいつも元気になり、また笑顔に戻ったのです。考えてみると困った時には、いつも神さまはマリアを助けてくれたのです。

「そうだ。神さまはいつもわたしと一緒におられ、こんなに小さなわたしを守り続けてくださった。だからこれからも神さまを信頼していこう。」

マリアは天使にはっきりと答えました。

「わたしは小さな者で特別なことはできません。でも神さまのお言葉どおりになりますように。」

神さまは何でもできるお方です。困ったことがあっても神さまが一緒ならばとても安心です。

マリアは自分のお腹をそっとさわって言いました。

「神さまが守ってくださるからきっと大丈夫。わたし、あなたのお母さんになるね。」

ヨセフの夢

文／河田 優

聖書は新共同訳／《 》は聖書協会共同訳

聖書箇所

マタイによる福音書 1 章 18 節～ 25 節

暗唱聖句

「見よ、おとめが身ごもって男の子を産む。／その名はインマヌエルと呼ばれる。」

《「見よ、おとめが身ごもって男の子を産む。／その名はインマヌエルと呼ばれる。」》

（マタイによる福音書 1 章 23 節）

聖書解説

マリアの婚約者であるヨセフが登場します。ここでヨセフは「正しい人」と紹介されていますが、これは律法に忠実な人物であったことを表します。ですから彼は自分には覚えがないのに、マリアの胎に命が宿ったことに悩み苦しんでいました。契約が重んじられる当時の婚約は実際上、夫婦とみなされました。婚約している女性が婚約者以外の男性の子を宿すことは不貞の罪として石打ちの極刑となるのです。「明らかになった」（18節）とあるように、変わりつつあるマリアの体型からも妊娠を隠すことができなくなったのでしょう。そこで律法に正しくあろうとするヨセフは、マリアの身を守るためにひそかに婚約を破棄しようと決心するのです。

そのヨセフの夢に天使が現れて、マリアは聖霊によって宿ったこと、その子の名をイエス（神は救い）とするように告げるのです。続けて聖書では、イザヤ書7章14節を引用し次のように記します。「見よ、おとめが身ごもって男の子を産む。その名はインマヌエルと呼ばれる。」（23節）

「インマヌエル」はヘブライ語で「神は我々と共におられる」という意味です。四つの福音書はそれぞれの特徴をもっていますが、マタイによる福音書の特徴の一つはこの「共なる神」というメッセージです。例えばマタイによる福音書28章には、復活したイエスさまが天に昇るとき、「わたしは世の終わりまで、いつもあなたがたと共にいる。」と弟子たちに告げています。マタイはイエスさまの生涯にこのメッセージを織り込むことで、イエスさまは神であり、わたしたちと共におられる主であることを表しているのです。

お告げを受けたヨセフは天使の言葉を受け入れました。そしてヨセフは、婚約を破棄することによってマリアを守るのではなく、先のことは分からないが、困難の中にも神の御業《みわざ》を受け止め、マリアと共に生きていく決意をしたのです。それがマリアに対する愛であり、神に信頼する本当の「正しさ」だと気付いたのです。

それから後、どんな時もヨセフはマリアを守り抜いたに違いありません。ベツレヘムで急に産気づいたマリアのために宿屋を探す時も、ヘロデ王の手を逃れてエジプトに逃げる時も、妻マリアとその胎に宿る子にヨセフは精一杯の愛を注いだことでしょう。つまり、わたしたちを愛し、わたしたちの命を守る救い主は、このヨセフの愛に示される通り、まずご自分の命が愛され、守られ、生まれるのです。それがマリアとヨセフがイエスさまの母となりその夫となるために神に選ばれた理由であり、人として愛を受けた救い主の誕生となるのです。

お話の例

ある日のこと、れお君は大きくなったお母さんのお腹を見ながら言いました。

「ねえ、おかあさん。いつになったら赤ちゃんは生まれてくるの?」

お母さんは答えます。

「そうねえ、来年の三月かなあ。」

「えー、まだ、そんなに待たなくちゃいけないのぉ?」

そうです。れお君がお母さんのお腹に赤ちゃんがいることを聞いたのは、まだ夏の暑さが残っている時でした。そして今はもうすぐクリスマスなのです。お母さんのお腹も大きくなり、れお君には今すぐにでも赤ちゃんが生まれるように見えるのですが、まだ来年の春まで待たなければいけないのです。

「もっと早く生まれてくればいいのに。」

「そうね。でも赤ちゃんが生まれるまでみんなで待つこともとても大切なのよ。」

「どうしてなの?」

「まだ生まれていない赤ちゃんも、お腹の中でみんなに大切にされていることをちゃんと感じているの。家族みんなに大切にされていると赤ちゃんも安心して生まれてくるでしょう。だから待っている間、れお君もお腹の赤ちゃんに優しくしてね。」

「うん。分かったよ。」

それからのれお君は、いつもよりもお母さんのお手伝いをするようになりました。お母さんはお腹がどんどん大きくなって、動くのが少し大変なのです。だから、れお君はごはんの時にお皿を運んだり、お庭の花に水をあげたり、玄関の靴を並べたりすることにしたのです。そうすることで、お腹の中の赤ちゃんもきっと喜んでいます。だってお母さんが疲れて病気になると赤ちゃんも元気がなくなってしまうでしょうから。

今日もごはんのお皿を片付けている時に、お母さんは、れお君に言いました。

「れお君、お手伝いをありがとう。お母さんとても助かるわ。」

「大丈夫だよ。赤ちゃんも喜んでるかなあ。」

れお君が言うと、お母さんはおいでおいでと手招きします。

「れお君、ちょっと来て、お母さんのお腹をさわってごらん。」

れお君は、お母さんのお腹をそっとさわってみました。

「あっ、赤ちゃんが動いてる!」

「ねっ、赤ちゃんもれお君にありがとうって言ってるみたいでしょう。」

「うん。赤ちゃんも大切にされていることがちゃんと分かるんだね。もう家族だね。」

さて桜の花がちらほらと咲く頃、れお君は病院にいました。長い間待っていたお腹の赤ちゃんがやっと生まれたのです。ベッドのお母さんのそばに赤ちゃんが眠っています。とても小さくてかわいい赤ちゃんです。

れお君はそっと赤ちゃんの手をさわってみました。すると赤ちゃんは小さな手を広げてれお君の差し出した指をぎゅっと握ったのです。それは「ありがとう。れおお兄ちゃん」と言っているようで、れお君はとてもうれしくなったのです。

これと同じようなお話が今から二千年前にもありました。お話に出てくるのはマリアとヨセフ、そして赤ちゃんイエスさまです。

自分の知らないうちにマリアのお腹に赤ちゃんがいると分かった時、やがて夫となるヨセフはとても驚きました。でも、夢の中に天使が現れ、赤ちゃんは神さまの子であり、イエスと名付けるように言うのです。思いもかけないことばかりで頭を悩ませていたヨセフですが、しばらく考えてみて決心をしました。

「よし、わたしはお腹の赤ちゃんのことを大切にしよう。そしてお母さんのマリアのことも大切にしよう。」

ヨセフはその決心の通り、マリアに困ったことがあればいつも助けました。マリアにもお腹のイエスさまにもたくさん優しくしたのです。れお君がしてあげたことと一緒ですね。

赤ちゃんイエスさまはお腹の中でマリアさんやヨセフさんに大切にされていること、愛されていることをちゃんと感じておられたでしょう。たくさん愛されたイエスさまは、みんなを愛する救い主としてお生まれになるのです。

イエスさまの誕生

文／河田 優

聖書は新共同訳／《 》は聖書協会共同訳

聖書箇所

ルカによる福音書 2章1節～7節

暗唱聖句

マリアは月が満ちて、初めての子を産み、布にくるんで飼い葉桶に寝かせた。

《マリアは月が満ちて、初子の男子を産み、産着にくるんで飼い葉桶に寝かせた。》

（ルカによる福音書 2章6節～7節）

聖書解説

福音書記者のルカは、ここで大きな住民登録の際にイエスさまが生まれたとしていますが、そのことから主の降誕は西暦4年から6年頃ではないかとされています。この時にヨセフはマリアと共に故郷であるベツレヘムに出かけ、そこでイエスさまはお生まれになります。ベツレヘムは「ダビデの町」と呼ばれ、救い主はダビデ王の家系から出るとされた旧約の預言に相応しい地でありましたが、その反面、生まれたイエスさまが寝かされたのは家畜の餌を入れる飼い葉桶でした。その理由は「彼らの泊まる場所がなかったから」（7節）です。

　これは不思議なことですが、その理由として二つのことを紹介します。

　ひとつは、救い主は悲しみや寂しさの中にお生まれになったということです。今ではこの日本でもクリスマスを盛大にお祝いします。家族や友だちが集まったクリスマス会は大きな喜びにあふれるでしょう。クリスマスはお祝いですからそれ自体は良いことですが、そのクリスマスにおいても、喜ぶことができずに寂しい気持ちで過ごしている子どもたちはいるかもしれません。でも、イエスさまも居場所がなく、飼い葉桶に寝かされました。寂しさや悲しみを知る神の子のお生まれは、全ての人に与えられたクリスマスの喜びと言えます。

　もうひとつはわたしたちの日常にイエスさまは生まれたということです。実はここで「宿屋」と訳されている言葉は「客間」とも訳せるのです。この当時ユダヤでは二階建ての家が多く、二階を「客間」として客人をもてなしました。一階は、汲んできた水や食料をためておき、料理をしたり、洗濯をしたりする生活の中心となる場所です。この一階に少し段差を付けて家畜が飼われている場合もありました。その際にはこの段上に家畜のための飼い葉桶が置かれていたのです。このような意味で考えると「飼い葉桶」に寝かされたイエスさまとは、わたしたちの生活のど真ん中に寝かされたということになります。それは何の飾り立てもない、汗水流して生きていくわたしたち自身の日常、そこにイエスさまは生まれたのです。イエスさまは神の子でありながら、それほどまでに近い存在としてわたしたちのもとに来られたのです。

　どちらにしても「飼い葉桶」に寝かされたイエスさまは、当時の人々が考えていた救い主の姿ではありませんでした。悲しみや苦しみを背負いながら、一生懸命に生きているわたしたちの日々の生活、その中にお生まれになったのです。ですから、イエスさまの降誕から二千年がたつ現在に生きるわたしたちも日々の困難の中にイエスさまの姿を見出し、それを希望とするのです。

お話の例

今から二千年も前のお話。遠いユダヤという国にナザレという小さな村があり、そこにマリアとヨセフという人がおりました。二人はすでに結婚の約束を交わし、マリアはヨセフの家で一緒に住む時を楽しみに待っていました。

ところがある時、ローマという国が「それぞれ故郷にもどって、そこで住民登録をするように」とユダヤの人々に言いました。ローマはとても力のある大きな国で、ユダヤの人々も言うことを聞かなければなりません。ヨセフもナザレからベツレヘムという自分の故郷まで出かけることになりました。

「マリア、僕はベツレヘムに行かなければならないけれど君はどうする?」

ヨセフはマリアに尋ねます。

「わたしたちはもうすぐ結婚するから、わたしも一緒に行きます。」

マリアは答えました。

「マリアも一緒に行ってくれる!」ヨセフはこの言葉に喜びました。でも心配なことがひとつあったのです。それはマリアのお腹には神さまの子である赤ちゃんイエスさまがいたからです。すぐに生まれることはないかもしれません。でも長い旅です。あまり無理をさせることはできません。いろいろと考えたヨセフは、小さなロバを連れて来て、そこにマリアを乗せ、旅をすることにしました。

いくつもの山を越えてヨセフとマリアはベツレヘムへとむかいます。何日もかけてヨセフたちはようやくベツレヘムの町にたどり着きました。

その時です。マリアがヨセフに言いました。

「ヨセフ。ヨセフ。赤ちゃんが生まれそう。」

マリアはそのように言うとお腹を押さえて苦しそうな顔を見せます。

赤ちゃんが生まれるのですから、暖かくて綺麗な場所が必要です。ヨセフは急いで宿屋を訪ねます。ドンドンと扉を叩いて大きな声で言います。

「旅の者ですが、どうか、泊めてください。赤ちゃんが生まれそうです。」

「残念ですが、もうお客さんがいっぱいで泊める部屋はありません。」

ヨセフは次々と宿屋の扉を叩きます。ドンドンドン。

「今日一晩だけでも泊めてください。」

「だめです。うちの部屋はどこも空いていません。他をあたってください。」

ドンドンドン。「すみません。」ドンドンドン。

「お願いします。」

ヨセフは次から次へと宿屋を回り、マリアを寝かせる場所を探しますが、どこに行っても部屋はいっぱいだと断わられてしまうのです。

そしていよいよ最後の宿屋になりました。

ドンドンドン。「どうか泊めてください。もう赤ちゃんが生まれてしまいます。」

「部屋はもういっぱいです。でも裏にある家畜小屋なら空いてますよ。」

「その家畜小屋で結構です。ありがとうございます。」

ヨセフは急いで礼を言うと、マリアを連れて家畜小屋へと入っていきました。冷たい風がビュービューと吹き付ける真っ暗な家畜小屋です。ヨセフはマリアの体が冷えないように、落ちていたわらで寝床を作り、マリアを静かに寝かせました。

しばらくすると真っ暗な家畜小屋にマリアの声が聞こえます。

「ヨセフ。もう生まれそう。」

その時です。真っ暗な家畜小屋に空から星の光が差し込んで、マリアさんとヨセフさんを照らしたのです。

「おぎゃあー、おぎゃあー。」

静かな家畜小屋に元気な赤ちゃんの泣き声が響きました。

マリアもヨセフも喜びいっぱい。ヨセフはマリアが見つめる中、高々と赤ちゃんを抱き上げ、静かに動物たちのエサ箱、飼い葉桶に寝かせたのです。家畜小屋の動物たちもマリアを乗せてきたロバもこの赤ちゃんのもとに集まって来ました。みんなうれしそうな顔をしています。

いつもは真っ暗で寂しい家畜小屋ですが、この日だけは大きな喜びに包まれたのです。

そうです。赤ちゃんイエスさまのお生まれです。

羊飼いへの知らせ

文／河田 優

聖書は新共同訳／《》は聖書協会共同訳

聖書箇所

ルカによる福音書 2章8節～12節

暗唱聖句

今日ダビデの町で、あなたがたのために救い主がお生まれになった。

《今日ダビデの町に、あなたがたのために救い主がお生まれになった。》

(ルカによる福音書 2章11節)

聖書解説

イエス・キリストのお生まれを最初に知らされたのは、荒れ野の羊飼いたちでした。彼らが夜通し羊の群れの番をしていた時、主の天使が彼らの前に現れるのです。暗闇の中で静かに羊の番をしている羊飼いたちと主の栄光と共に現れた天使の姿は、見事なコントラストを描きます。この箇所のあとには、天使に天の大群が加わって神を賛美し、羊飼いたちはベツレヘムで幼子イエスさまと出会います。よく知られているクリスマス物語ですが、今回は特に11節「今日ダビデの町で、あなたがたのために救い主がお生まれになった。この方こそ主メシアである。」の言葉を中心に考えてみましょう。

まず、知らせを受けた羊飼いですが、旧約聖書を見ると羊飼いは良い印象で登場します。アブラハムの一族は羊飼いとして旅をしましたし、イスラエルの王となるダビデももとは羊飼いです。ただ、新約聖書の時代になるまでに羊飼いは人々に蔑まれていきます。羊飼いは毎日欠かさずに羊の世話をしなければならないため、律法に定められている安息日の規定を守ることができないからです。また、生き物を扱う仕事であることも律法における汚れに抵触すると考えられていました。そのようなことから共同体から外され、荒れ野で孤独に過ごしていたのが羊飼いたちであったのです。

ところが天使は、町の人々ではなく、まだ当時の祭司や律法学者でもなく、この羊飼いたちに「あなたがたのために救い主がお生まれになった。」(11節)と告げるのです。「あなたがた」という言葉は羊飼いたちにとって大きな喜びであったでしょう。お生まれになる救い主は、律法を守ることのできない汚れた者として蔑まれてきた羊飼いである「あなたがた」の救い主と告げられたからです。

ちなみにメシアとはヘブライ語で「油注がれた者」の意味を持ち、大祭司や王が即位する時に油注ぎの儀式を行ったことから、やがて王の権威を持ち、神さまの救いを取り次ぐ祭司としての「救い主」を意味するようになりました。「メシア」はギリシャ語で「キリスト」であることも子どもたちに説明をしておくと良いでしょう。

さてこのお告げの後、羊飼いたちはベツレヘムに出かけ、飼い葉桶の中に寝ている乳飲み子を見つけます。羊飼いである彼らが町に出かけることには大きな恐れもあったでしょうが、その出会いの場が彼らの知っている動物たちのにおいに満ちた家畜小屋であったことにほっとしたことでしょう。

まさに天使が「あなたがたのために」と告げた通り、自分たちの救い主として羊飼いたちは主を礼拝したのです。

お話の例

ここは今から二千年前のユダヤの国ベツレヘム。羊飼いたちが町の家を訪ねてまわります。

「すみませーん。こちらの家畜小屋に救い主はお生まれではないですか?」

「なんだ、お前たちは羊飼いじゃないか。町の中に来るんじゃない!」

どうしていつもは荒れ野にいる羊飼いが町にいるのかというと、それは天使のお告げを聞いたからです。彼らが羊の番をしていると真っ暗な空が急に明るくなり、天使が現れました。

「喜びなさい。今日、ダビデの町であなたがたのために救い主がお生まれです。あなたがたは飼い葉桶に寝ている赤ちゃんを見つけるでしょう。」

びっくりした羊飼いたちですが、自分たちのために救い主がお生まれだなんて聞くと、これはもう放っておけません。「救い主に会いに行こう」と〝ダビデの町〟と呼ばれるベツレヘムまでやってきたのです。

でも、町では羊飼いたちは歓迎されませんでした。町の人たちは思っていたのです。羊飼いは羊と一緒に外で生活しているから汚いし、臭い。また、羊飼いは安息日の決まりを守っていない。安息日の決まりとは、一週間に一度仕事を休まなければならないというものですが、羊飼いたちは毎日羊の世話をするので、この決まりを守ることができません。だから羊飼いたちを見ると、町の人たちはみんな嫌な顔をするのです。

それでも羊飼いたちは諦めません。また別の家を訪ねて言います。

「こちらに救い主はお生まれですか?」

「なんだ、羊飼いめ!! あっちに行け!!」ばっしゃーん。

羊飼いたちは、とうとう水までかけられてしまいました。とても寒い夜です。このままでは凍えてしまいます。

「困った。誰も相手にしてくれない。ぶるぶる震えが止まらないし、どうしよう。」

その時、羊飼いたちは小さな家畜小屋を見つけました。あまり暖かくはないかもしれませんが、それでも少しはましでしょう。ロバや羊たちはいても、自分たちを追い出すような人はきっといないでしょう。

「よし、あそこで休ませてもらおう。」

羊飼いたちは震える身体をさすりながら、そっとその家畜小屋に入っていきます。すると、どういうわけかそこにも人がいたのです。

優しそうな男の人が、羊飼いたちに気が付き、声を掛けます。

「どうされましたか。羊飼いの方ですね。凍えているではありませんか。何もありませんが中にお入りください。」

「えっ、羊飼いのわたしたちを中に入れてくださるのですか。」

「どうぞ、どうぞ。」

家畜小屋ですから、そこは動物のにおいでいっぱいです。でも、このにおいは羊飼いたちにはうれしいにおいです。なぜなら自分たちが世話をしている羊のにおいと一緒だからです。

「ああ、いつものにおいだ」と、羊飼いたちは安心して中に入ることができました。

中に入ると、女の人と、動物のエサが入っている飼い葉桶に寝ている赤ちゃんがいました。風が吹き込む家畜小屋ですが、どういうわけかこの赤ちゃんを見る羊飼いたちの心は温かくなりました。羊飼いたちは気づいたのです。

「この赤ちゃんが、天使が告げたわたしたちの救い主だ。」

実はイエスさまも生まれる場所がなくて、この暗くて寒い、小さな家畜小屋にお生まれになったのです。そしてふかふかの寝床ではなく、家畜のエサ箱である飼い葉桶に寝かせられたのです。

居場所がなくお生まれになったイエスさまですが、イエスさまと最初に出会ったのも、町の人からのけ者にされていた羊飼いたちでした。

「イエスさまは、わたしたちの楽しい気持ちも悲しい気持ちも何でも知っておられる救い主としてお生まれになった。本当に天使が言った通りだった。」

羊飼いたちはイエスさまと出会って心も体も元気になり、イエスさまのお生まれを大きな声でお祝いしました。これが世界で最初のクリスマスです。

三人の博士のおとずれ

文／河田 優

聖書は新共同訳／《 》は聖書協会共同訳

聖書箇所

マタイによる福音書 2章1節～ 12節

暗唱聖句

彼らはひれ伏して幼子を拝み、宝の箱を開けて、黄金、乳香、没薬を贈り物として献げた。

《彼らはひれ伏して幼子を拝み、宝の箱を開けて、黄金、乳香、没薬を贈り物として献げた。》

（マタイによる福音書 2章11節）

聖書解説

いわゆる「三人の博士の物語」です。イエスさまに捧げた贈り物が三つだったことから、博士は三人とされてきました。また古い時代には、博士たちを当時知られていた三つの大陸の代表として描くことにより、すべての人々の救い主としてイエスさまが生まれたことが強調されました。ただ、聖書では「占星術の学者が東の方からエルサレムに来て」（1節）となっており、彼らは、当時エルサレムの東にあった大国ペルシアの宮廷に仕える学者たちであったと思われます。天体を観測し、星や月の運行などさまざまな知識を持つ彼らは、先々を予測できる存在として宮廷でも大切に扱われていたことでしょう。ところが、彼らは今までに見たことのない星の輝きに出くわします。彼らがその星の輝きの意味を知ったのは、バビロニア時代に捕囚として連れて来られたユダヤ人からでした。彼らは聖書の預言から、暗闇の中に輝き出る光は救い主の現れだと告げたのです。学者たちはそれを聞き、救い主をユダヤの新しい王として、謁見の旅に出かけたのです。

旅を続ける彼らは王宮を訪ね、ユダヤのヘロデ大王と面会します。ヘロデは彼らから話を聞いて不安に思いました。王としての地位が脅かされると思ったのです。祭司長や律法学者たちからメシアの生まれる場所を聞いたヘロデは、学者たちを送り出しますが、それはメシアが生まれる場所を突き止め、抹殺してしまおうという魂胆でした（2・16）。危険を覚悟して主のもとに旅を続ける異邦人の学者たちと、救い主と知りながら受け入れようとしないヘロデは実に対照的です。

学者たちはベツレヘムに到着し、ようやく幼子イエスさまに出会います。そしてイエスさまにひれ伏し、黄金、乳香、没薬を捧げるのです。これらの宝物には、栄光を持つ王（黄金）であり、神に取りなす祭司（乳香）であり、十字架で死ぬべきお方（没薬）である、すなわちイエス・キリスト自身を表しているという解釈があります。また、これらは占星術を行う彼らの仕事道具であるとも言えます。黄金の曇り加減を見て運勢を占うこと、祈りの言葉に没薬を混ぜたインクを用いること、祈りの際に香をたくこと、このように彼らは自分たちの仕事に必要な物を捧げています。それはすべての者の救い主としてお生まれになったイエスさまと出会い、その与えられた恵みに応えるよう、自分の日々を捧げていく学者たちの決意が表されているのかもしれません。お生まれになったイエスさまを自らの主として受け入れる時、私たちもまた自分自身を主に捧げるのです。

お話の例

降ってきた雪が窓からちらほらと見えるある日のこと、ノアちゃんはお母さんに尋ねてみました。

「ねえ、お母さん。お母さんがとてもうれしいクリスマスプレゼントってなあに?」

「そうね。ノアちゃんからのプレゼントなら何でもうれしいわよ。でもね。一番うれしいクリスマスプレゼントは、お母さん、もうもらってるんだ。」

「そのプレゼントっていったいなあに? ノアちゃんもそのプレゼントが欲しい。」

「ふふ。実はね、そのプレゼントはノアちゃんももうもらっているの。」

そう言うとお母さんはノアちゃんを膝に乗せ、聖書のお話を始めました。それは、ずっと昔のお話です。

あるところにペルシアという大きな国があり、いつも空を見上げて星を観察している三人の博士がいました。ところがある時、今まで見たことのない不思議な星を見つけます。

「あの星は初めて見るなあ。ピカピカと輝いて何かを教えてくれているようだ。」

博士たちはいろいろと調べ、ユダヤの人たちの言い伝えから、あの星の輝きはユダヤ人の王さまがお生まれになったしるしだと知るのです。

「それならば、私たちもお祝いに出かけなければ。」

博士たちはラクダを連れてきて、旅に必要な物と大切な贈り物をその背中に乗せると「これでよし。すぐに出発だ」とユダヤの国へ旅立ったのです。

何日も何日もラクダに揺られる旅です。それは大変な旅でした。お日さまが沈んでも町に着かないこともありました。そのような時は星空の下、岩だらけの所で寝るのです。とても寒いので火を焚いてみんなで固まって寝ました。ほかにもオオカミの声が聞こえた時には、博士もラクダもみんな震え上がりましたし、輝く星を見失って道に迷うこともありました。それでもようやくユダヤの町エルサレムに着いた博士たちは、王さまの宮殿を訪ねたのです。そこにはユダヤのヘロデ王がいました。

「新しい王さまはどこにおられますか。私たちは遠い東の国からお祝いにやって来ました。」

この博士の言葉にヘロデは驚きました。だって王さまである自分のほかに新しい王さまなんて聞いたことがないからです。ヘロデは思いました。

「これはもしかしたら昔から聖書で言われてきた救い主のことではないだろうか?」

ヘロデは聖書のことを研究している学者や神殿の祭司たちから、救い主はベツレヘムで生まれることを聞いて三人の博士をベツレヘムへと送り出します。でも、ヘロデは自分の他に王さまが生まれることが嫌で、自分は出かけませんでした。

さて、ヘロデのもとから送り出された博士たちは、もう一度星を見つけ、とうとうベツレヘムにたどり着きました。そこでまだ小さい赤ちゃんのイエスさまと出会うのです。イエスさまは博士たちの顔を見てニコニコと笑いました。その顔は星の輝きと同じようにピカピカ輝いているように見えました。

「長い間、旅をしてきて本当によかった。」

博士たちは一目見てイエスさまのことをとても好きになりました。そしてイエスさまこそ神さまから贈られた自分たちへのプレゼントだと気づいたのです。

「イエスさま。新しい王さまとしてわたしたちをお救いください。」

博士たちは自分たちの大切な宝物である黄金、乳香、没薬を捧げ、イエスさまを礼拝したのです。

お母さんは膝の上のノアちゃんに言いました。

「神さまは救い主のイエスさまを贈ってくださったの。博士たちはそのことがとてもうれしくて自分の宝物をイエスさまに捧げたのよね。」

「世界で一番うれしいクリスマスプレゼントはイエスさまなんだ。」

「そうよ。イエスさまはお母さんにもノアちゃんにも、そして世界のみんなに贈られたもっとも大きなプレゼントなの。だからそのことを喜んで、クリスマスには博士たちと同じようにみんなでプレゼントを交換するのよ。」

年の初め

文／小林祥人

聖書は新共同訳／《 》は聖書協会共同訳

聖書箇所

出エジプト記 12章2節

暗唱聖句

この月をあなたたちの正月とし、年の初めの月としなさい。

《この月はあなたがたの第一の月であり、一年の最初の月である。》

(出エジプト記 12章2節)

聖書解説

これは過越《すぎこし》のための祝日です。出エジプトというのは、イスラエルの民が神さまに救われた出来事で、これが、人々が神ヤハウェと出会い、この神さまを崇めるようになったきっかけと言えるでしょう。イスラエルの人々は、この日を一年の最初の日と定めました。もともと過越《すぎこし》の祝日は、神さまがイスラエルの民を解放させようとされた際にエジプトにくだした災いを、イスラエルの人たちだけが避けられるようにそれぞれの家の戸口に目印を付けておくことで神さまがその家に災いをくださずに通り過ぎる、つまり過越《すぎこし》ということから来ています。こうして神さまがイスラエルを救い出してくれたというこの出来事を常に思い起こす日を正月としたのです。

ここから始まるのは「過越祭《すぎこしさい》」についてのさまざまな約束事です。この中で最も注意したいのは「種入れぬパン」の記事です。きっと、発酵したパンでは傷むのが早かったためでしょう。出エジプトというのは、そのくらい急いで行われなければならなかったのでした。それというのもエジプトの警備はものすごく厳しくて、そこから逃げ出すのは簡単ではなかったからです。そんな中を逃げ出さなければなりませんでした。

出エジプトが事実であったことは歴史上間違いないでしょう。もっとも聖書に書かれているような大きな規模であったかどうかは、現代の学問的見地からは疑問視されています。

しかし規模自体がより小さいものであったとしても、確かに重労働に苦しみ、自由を求めていた人たちが大勢いたことは事実でしょう。そして、モーセという人物に導かれて、彼らがエジプトからの脱出に成功できたことも事実であると思われます。

しかしイスラエルの人たちは後の時代になって「奇跡物語」を作り上げるために、出エジプトの事柄を利用しようとしたのではないでしょう。苦しみから逃れて自由になることができたというそのことが、どのような規模のものであれ、イスラエルの人たちにとっては「奇跡」として理解されたのでしょう。そのことをいつまでも記憶にとどめるために、「過越《すぎこし》の日」を制定したのでしょう。それはイスラエルの人々が、苦しみからの救いの業《わざ》をなしてくださる神、その神さまの最も大きな恵みと出会うことができた記念の一日でもあるのです。

出エジプトを果たしたイスラエルの人々は、その後、苦難を乗り越えシナイ山へとむかいます。

お話の例

　昔、イスラエルの人たちは一番苦しいところから逃げることのできた一番うれしい日を、「年の初め」にしようと決めました。

　エジプトでは、初めヨセフさんというイスラエルの人が総理大臣をやっていて、そのころは食べ物がなかったりしていたけれど、みんな幸せに暮らしていました。でも、このヨセフさんが死ぬと、そのころのことをよく知らない新しい王さまファラオが出てきて、イスラエルの人々をみんな奴隷にしてしまいました。毎日とてもたくさんの仕事があって、それはそれはたいへんでした。

　仕事というのはレンガを作ることでした。でも、そんな時エジプトの王さまファラオは、イスラエルの人たちに男の子が生まれると、みんなナイル川に放り込んで殺してしまえという命令を出しました。奴隷の中から、ファラオに立てつく者が現れては困ると思ったのでしょう。こうしてイスラエルの人たちは、ますます辛くて、悲しく、また苦しい日々を過ごさなければならなくなってきました。そしてやがてその苦しさのために人々は天に向かって叫び声をあげるようになりました。するとその叫び声は、天の神さまに届きました。

　さて、イスラエルの神さまは「苦しむ人を助ける神さま」です。人が、他の人を理由もなく苦しめたりするのを、決してそのままにはしておかない神さまです。そしてこの神さまは、苦しんで叫び声をあげるイスラエルの人たちを助けるためにモーセという人を連れてきてくださったのです。

　モーセはお兄さんのアロンといっしょに、ファラオのところに行き、イスラエルの人々をエジプトから出させてくれるよう、お願いしました。でもファラオはとってもかたくなで、イスラエルの人々が出ていくことを許しませんでした。そこで神さまは、エジプトからイスラエルの人々を助けるために、エジプト王ファラオたちに、「災い」をお与えになりました。そして、イスラエルの人に、エジプトの人と区別するため、それぞれの家の戸口に「目印」をつけておくように言いました。この「目印」のついているのがイスラエルの人たちの家でした。どんな目印かというと、イスラエルの人たちは羊を飼う人たちでしたから、ちょっとかわいそうだけど、羊の血を塗ることにしたのです。神さまはこの「目印」を見て、イスラエルの人たちの家の前を通り抜けて、その家には「災い」をくだされなかったのでした。

　イスラエルの人たちは急いでいたのですが、そのあとからエジプトの戦車が追いかけてきました。逃げるのは簡単ではありませんでしたけれど、ピンチになるたびに神さまがエジプトの戦車を遠ざけてくれましたので、とうとうエジプトを出ることができたのです。

　こうして逃げ出してきたイスラエルの人々は、シナイ山というところに着いて、神さまからの守らなければいけない10の事柄を教えてもらうことになります。これが「十戒《じっかい》」です。これを大切に守ることで、イスラエルの人々は、いつも一人の神さまに、心をひとつにしてついて行くことを決めたのです。どうしてそう決めることが出来たのでしょう。それは、神さまが、「本当の苦しみの中から助け出してくださる神さま」だということを知ったからです。イスラエルの神さまはそのくらい強くて優しい神さまなのです。

　わたしたちの一年の初めはどんなでしょう。エジプトにいたイスラエルの人たちが神さまに守ってもらえたように、わたしたちもまたこの新しい一年、神さまに守ってもらえることを信じて、元気に、仲良く、そしていろんなことをしてみたいですね。

主はわたしの羊飼い

文／小林祥人

聖書は新共同訳／《 》は聖書協会共同訳

聖書箇所

詩編 23 編

暗唱聖句

主は羊飼い、わたしには何も欠けることがない。

《主は私の羊飼い。／私は乏しいことがない。》

（詩編 23 編 1 節）

聖書解説

この詩編は「信頼の詩編」という一連の作品群の中にはいります。詩編の中には苦しみからの救いを神さまに願う「嘆きの歌」というのがありますが、その中には、大抵後半のほうにいつも「神への信頼」を示す言葉がついています。

「嘆き訴え」つまり「嘆願」の部分と、そういう自分を神さまは必ず助けてくださるという「信頼」の部分から成り立っているのです。この23編のような「信頼の詩編」は、その「嘆き訴え」の部分がなくなって「信頼」だけが残ったものです。ですから、「神への信頼」を美しい筆致で表しているたおやかな作品に見えますが、その裏側には、この詩編を作った人のたいへんな苦難や苦悩があったかもしれないことを忘れないようにしたいと思います。

それが社会的なことなのか、個人の内面に関わることなのかは、文面だけからは分かりません。しかしどんな苦しみがあってもただ神さまだけを信頼するというのは、とても尊いことです。

神さまは羊飼いで、わたしたち人間は羊にたとえられています。イスラエルの人々は、自分たちの先祖を遊牧の民と考えていましたから、ここでも「主は羊飼い」という表現が用いられています。

羊飼いのような神さまが、羊のような人（あるいはイスラエルの民）を導くというモティーフは、旧約聖書の他の箇所にも見られます。しかし「死の陰の谷を行くときも」（4節）という言葉は、「死の近くにある」ほどの苦難がこの詩人に及んでいることを想像させます。しかしそれも堪えうるものであるとここでは記されています。キリスト教の発生する直前のユダヤ教にも、ダニエル書のように、人が復活するという考え方はありましたが、ここではそこまで明らかではないとしても、やはり死の世界をも支配しうる神さまの力の大きさというものを、ここで見ることが出来ると思います。

そしてこの詩編では「神さまからの励まし」について「鞭《むち》」「杖」といった言葉で、「正しい歩み」へと導かれるようすが描かれています。

難解なのは「敵の眼前での食事」の場面（5節）ですが、ここにも苦難を共にしてくださる神さまについて示されているのではないでしょうか。この詩編が現代まで愛唱されてきたのは、「どこまでもわたしたちの命に寄り添ってくださる神」が具体的に書かれているからではないでしょうか。だからこそ詩人もまた「神の家にとどまろう」との信仰を明らかにするのです。

お話の例

　みなさんの中で動物を飼っているお友だちがいたら、動物たちがどれだけみんなになついているか分かると思います。動物はきっとみんなにはついていくけど、飼っていない人にはついていかないでしょう。

　聖書の中では、神さまはまるで羊飼いのようです。羊飼いは羊を大切に守って、育てます。だから羊は安心して羊飼いのもとで暮らします。羊飼いが羊のことをよく知っているように、神さまもわたしたちのことをよく知っています。どんなところでわたしたちが疲れてしまったり、助けを求めていることなど、どこで休んだほうがいいかなど、よく知っています。そういう神さまが守ってくださるなら、わたしたちもまたきっと心強いでしょう。そして、安心して生きていくことができます。でもそれは、わたしたちの暮らしがいつもそうだというのではありません。

　たとえば、わたしたちは誰でもいつかは年を取って死んでゆきます。それはとても怖い時のように思えます。でも、そこでも神さまはわたしたちを支えてくださいます。「怖がらなくていいよ」と神さまはおっしゃっているのでしょう。だから、わたしたちはたとえ怖かったとしても、むやみに怖がらなくてもいいのです。神さまから勇気が与えられるのです。神さまは、そのくらい、わたしたちのことをいつも、最後の最後まで守ってくださるのです。それは、羊飼いのような神さまにとって、わたしたち人間は羊のようにかわいいということなのでしょうね。

　もちろん、羊だって悪いことをすれば羊飼いに叱られます。でも、わたしたちがすてきな人になっていくために、神さまだって時にはみんなを叱ることがあるのです。それはみんなのことを本当にかわいいと思って、いろいろ心配されるからです。そういうのを「励まし」と言ってもよいでしょう。神さまの励ましは時には厳しいこともあります。でもそれは、わたしたちが神さまの正しい道を歩むことができるようになるためです。羊は道をそれて谷底に落ちて死んでしまうようなことがあります。そんなことになってはたいへんです。その時本当の羊飼いだったら、必死になって羊を連れ戻そうとするでしょう。「神さまの励まし」というのも、それと似ているかもしれません。

　わたしたちが生きていると、誰でも苦しいことも数えきれないくらいたくさんあります。でもそんな時でも神さまは「一緒に食事をしよう。一緒に食べながら、いろいろお話ができるね。楽しいことや苦しいこと、いろいろお話ししよう」といってくれます。わたしたちは、普段お友だちや、お家の人と一緒にお食事をすると、そこで気持ちが通じ合いますよね。わたしたちが本当にピンチになっても、神さまがいつでも一緒にいてくださるということです。そしてわたしたちが平和に過ごすことを教えています。そんな神さまと、わたしたちもまた、自分の方からも一緒にいるようにしたいですね。

豆知識

　旧約聖書からイエスさまの時代、「羊飼い」は厳しい仕事でした。それはイエスさまの降誕物語からも知ることができます。ルカによる福音書では羊飼いたちが「夜通し」羊の番をしていたとありますが、当時の「夜」は現代よりも不安な時間で、盗賊や夜行性の危険な生き物に狙われる心配がありました。また、昼間との急激な気温低下にも注意し、日中も働き、気を休める間のない辛く責任は重い仕事というのが日常だったようです。

　旧約聖書の「アモス書」でも、預言者アモスが「自分のもともとの仕事は羊飼いだ」と言っている場面があります。しかし、同時にアモスは「いちじく桑を栽培する者だ」とも言っているので、羊飼いだけで生活することは難しく、他にもアルバイトに従事しなければならなかったらしいことを示しています。

神さまへの信頼

文／小林祥人

聖書は新共同訳／《 》は聖書協会共同訳

聖書箇所

詩編 95 編

暗唱聖句

主に向かって喜び歌おう。

《さあ、主に向かって、喜び歌おう。》

（詩編 95 編 1 節）

聖書解説

「主に向かって喜び歌おう」と、最初に言われています。この詩編では、神さまがどのような神さまであるかということが説明されるのですが、ここでは「すべてを造られた神」です。その神さまに「ひざまずこう」と言っているのですが、それは決して、何か卑屈になるようなことではありません。そうではなく、造り主である神さまの前で謙虚に生きて行こうという気持ちを表しているのです。ここでなぜ「謙虚」ということが言われているかというと、この詩編の最後のところには、イスラエルの民が、荒れ野で40年を過ごしていた時に神さまを試みることをしてしまい、そのために「心の迷う民」と呼ばれるようになってしまったことが書かれているからです。

このイスラエルの民のおこないは、人々が「自由」というものを軽んじていたことが原因だったでしょう。イスラエルの民の「荒れ野の40年」という体験は、民数記の中に詳しいのですが、そこでは出エジプトしたあと、ほどなくしてエジプトでの生活を懐かしむ人々の言葉が見られます。「食べ物」や、その他の待遇について、「エジプトのほうがよかった」と民は言うのです。そして「民の不平不満」の声は遂に神さまにまで届くほどひどかったとされています。ところでイスラエルの民は、エジプトにいたときに、重労働に堪えかねて神さまに叫び声をあげると、その声は天の神さまにまで届いたとされます。これはまさしく「自由を求める叫び」だったはずです。そして、せっかく神さまに助けてもらったのですが、今度は「自由の重荷」というものに苛まれることになります。この主体性のなさが、結局、神さまを怒らせることになったのも無理はありません。

このような不平不満は、民の神さまに対する怒りの中でももっともひどいものの一つですが、しかし神さまは最後にはイスラエルを赦し、「乳と蜜の流れる約束の地」に招き入れました。神さまに赦されたイスラエルの民全体の経験が、この詩編に反映されているようです。

神賛美はそのような中でおこなわれます。「二度とあの時のようなことを繰り返してはならない」と神さまを試みたことへの反省が語られ、すべてを創造した神さまは自分たちを支配する「王」であるとの賛美がなされます。そして「今日」と言われているのは、歴史を過去のこととしてしまうのではなく、今日、現在でも自分に語られていることとして受け入れよ、と言われているのであって、信仰を常に新たにすべきであることを奨める詩編であるとも言えます。

お話の例

　神さまってすごい！って言ってみましょう。どうして神さまって、そんなにすごいんでしょう？

　それは、わたしたちが生きているこの世界を全部造ってくださったのが神さまだからです。高い山も深い谷も、海も陸も、神さまが造りました。それだけじゃありません。わたしたちもまた、神さまが造ってくださったのです。もちろん、他の動物や木や草もそうです。この地球にあるものは、ぜんぶ神さまがお造りになりました。だからそれだけでも「すごい」のですけれど、そのほかにも神さまの「すごい」ところはたくさんあります。どうしてわたしたちはここでその神さまを「すごい！」って言うのでしょう。

　実は、イスラエルの人たちは、昔、神さまに意地悪をしてしまったことがあるんです。神さまが本当にわたしたちを思っていてくれるかどうか、神さまの気持ちを試してしまったんです。その前にも、人々は自分がせっかく神さまに助けてもらって、エジプトの国の「奴隷《どれい》」をやめて逃げ出すことができたんです。「奴隷」っていうのは、「家来《けらい》」に似ていますけど、何でも言うことを聞いて働かなければならない人のことです。それはとても辛いことでした。

　でも、ちょっと時間がたつと、エジプトでの生活が苦しかったことよりも、そこでいろいろおいしいものが食べられたことばかりが思い出されて、「自由になった、なんていうけど、思ったよりいい生活じゃない。こんなことならエジプトで奴隷で働いていた方が良かった」なんて言うようになってしまったんです。そんなことを言われたら、わたしたちだって気分よくありませんよね。

　人々を導いたモーセさんは「こんな人たちを導くのはもうこりごりだ」なんて言いだしてしまいました。神さまもそれですっかり「機嫌」を悪くしてしまって「それなら荒れ野に出て、もう一度40年ぐらい過ごして、好きなようにしたらいいよ」と言って、人々を見放してしまいました。でも、本当は、神さまはもともとは優しい方ですから、イスラエルの人たちを見放すことは、やっぱりどうしても我慢ができなくて、遠くからこっそり見守っていたんです。

　荒れ野で※マナという栄養のある食べ物をくれたのも神さまでした。あとになって人々は、神さまがそんなに優しい方だと気が付きました。それで、「神さまってすごい！」って言うようになったんですね。そして二度と、神さまに意地悪をしないようにって思うんです。

　「神さまってすごい！」って言うのは、そんなすごい神さまとどんなふうに一緒に歩んだらいいかな、と考えてみることでもあります。

　荒れ野にいたのは昔のことです。でもそれをそこで終わりにしないで、いつでもわたしたちが自分のことのように考えながら生きていくということが、ここでは大事なのではないでしょうか。わたしたちが、自分ではやってないことについて「自分がやったわけではないから、自分には関係ない」と思うのではなくて、「ここから先は絶対に神さまに意地悪しない」って言う気持ちを、いつも新しく持ちながら一日一日を歩みたいものです。神さまはそういうわたしたちを、きっと喜んでくださるのではないでしょうか。

※マナという食べ物については、モーセ物語5「天から降ったパン」（28ページ）でより詳しく学べます。

豆知識

　神さまへの「信頼」は詩編ではしばしば「苦難」と結びつきます。「信頼」は未来の幸福のために、今の苦難を取り除いてほしい、という祈りだからです。「どんなときでも」（こどもさんびか改訂版129）の賛美歌の歌詞は、不治の病と闘い7歳で帰天した少女が、教会学校に遺した言葉をもとに作られました。少女の歩みは病魔によって断たれましたが、絶望や苦痛の中でも、神さまの姿が間違いなく見えていたと感じさせられる、短いながらも優れた賛美歌です。

神さまありがとう

文／小林祥人

聖書は新共同訳／《 》は聖書協会共同訳

聖書箇所

詩編 121 編

暗唱聖句

あなたの出で立つのも帰るのも／主が見守ってくださるように。

《主はあなたの行くのも帰るのも守ってくださる。》

(詩編 121 編 8 節)

聖書解説

生活のさまざまな場面を神さまは見守ってくださるというのが、この詩編の主題です。

ここでの神さまは「見守る神」と言われています。人が苦しいことに出会ったときに、顔を上げて山々を見ると、助けが確かに神さまから来るという確信を得ます。山自体が神さまということではもちろんありません。

ヨブ記では神さまがヨブに「さまざまな被造物を造ったとき、あなたはどこにいたのか答えよ」と問われ、ヨブには答えられなかったようなくだりがありますが、自然界の何か「すごさ」のようなものに触れるとき、背後にいる創造者である神さまの圧倒的な大きさに出会うことがあるのではないでしょうか。ここでの詩人もまた、山々を仰ぎ見るとき、改めて神さまの大きさを知ったのではないでしょうか。

ここには、ただ神賛美があるのでなく、「助けはどこから来るのか」と問うとき、その人の苦しみの中身ははっきりしないのですが、「ひょっとしたら助けは来ないのではないか」という不安が強く伝わってきます。その不安のゆえに詩人は目を上げることができないでいたのではないでしょうか。しかし、勇気を出して思い切って目を上げてみます。「目を上げて、わたしは山々を仰ぐ。」(1節)という表現からは、顔を上げて神さまに向き合おうとする態度がうかがえます。果たして神さまは来てくださるのか、という疑いのようなものもあるかもしれません。それでも、この「目を上げ、山々を」仰いで神さまの創造の業《わざ》に接したとき、そのような疑いとか、不安のようなものが氷解していったのだと見ることが出来るのではないでしょうか。

3節からおそらく語り手が変わります。「神さまがあなたを守ってくださるように」と、詩人を見守る祭司の言葉のように見えます。そこでは神さまがどのような方であるかが、祈りと共に示されます。まず神さまは「見守る方」です。「見守る」という言葉が何度も繰り返されます。そして神さまからの助けは決して遅れることなく、詩人をしっかり立たせてくださるような方であると言われます。神さまは詩人を「昼、太陽はあなたを撃つことがなく／夜、月もあなたを撃つことがない。」(6節)ように守ってくださる。ここにもまた「創造の神」の大きさが示されるので、天体も神さまそのものではなく「神さまによって造られたもの」であることが旧約聖書では明らかにされ全宇宙を統治する神さまが描かれます。その神さまがたった一人の人間である「詩人」について、「出で立つのも帰るのも」見守ってくださる、というところに、大きな神さまの小さな人間への恵みを感じます

お話の例

わたしたちは苦しいこと、つらいことがあったりすると、なんとなく顔が下をむいてしまいますね。でもちょっと勇気を出して、顔を上げてみてください。その時わたしたちの目の前に見えているのは、神さまが造ってくれた世界の広さではないでしょうか。

たとえば高い山や広い海を見ると、どういうわけかわたしたちは、何かとても大きなものの中に包まれているような気分になります。それと同時に、自分がとても小さいような気持ちにもなります。そして、どういうわけかできるかぎり大きい声で、何か言ってみたくなる時もありますよね。お家や園にいるときはあんまりそんなことはないのに、大自然の中にいると、そういう気持ちになることがあります。それはきっと、山も海も何か見ていると、地球全体をお造りになった神さまの大きさが分かるからではないでしょうか。そんな大きな神さまだったら、よほど大きな声で叫ばないと聞いてもらえないんじゃないのかな、なんて思うかもしれません。でも神さまはちゃんと聞いてくださっています。

わたしたちがちゃんと神さまに向き合って話を聞いてもらいたいと願ったなら、神さまは聞いていてくださいます。そして大自然の中って、ひょっとしたら神さまの声もよく聞こえるのかもしれません。そして、そこで神さまのところからきっと助けが来ることが、分かるかもしれません。いつか、みなさんも、神さまが造った大きな世界に触れることができる風景と出会えるといいですね。

だけどわたしたちの神さまは、何も山や海に行かなくても、本当はいつもそばで、わたしたちたちのことを見守ってくれているんです。「いつも」というのは、わたしたちが起きているときも、寝ているときもです。目には見えなくても、いつでも神さまがすぐ近くにいっしょにいて、わたしたちが自分たちでしっかり生きていけるように、守ってくれるんです。

わたしたちが生きていくって、ちょっぴり勇気がいりますよね。これから大きくなっておばあさんやおじいさんになるころまで、わたしたちが生きることって、ちょっと、どこか遠くに旅をするなんていうのと似ています。でもどこへ行ったとしても、神さまはわたしたちをしっかりその場にいさせてくださいます。そしてどこへ行こうと、その間もずっと神さまはわたしたちから離れることなく、わたしたちを見守ってくださる。そういう神さまの助けがいつもあるようにお願いしましょうね。神さまはきっと、今も、これからもずっと、わたしたちと一緒にいてくださいます。何か辛いことがあったとしても、しっかり目を上げて、神さまにお祈りできるといいですね。

わたしたちのお祈り

神さま、今日もわたしたちをここに集めて、互いにつながりが生まれるように導いてくださり、ありがとうございます。

でも、少し寂しいと思うこともあります。お友だちとこれから先も、ずっと一緒ではないからです。それは少しだけ寂しいです。

神さま、ここにいるお友だちのこれからの歩みをどうか守ってください。歩む先は、楽しいことばかりではないかもしれません。どんな歩みの中にもきっと悲しいことや辛いことがあると思います。そんな中で、どんなことがあっても、あきらめずに生きていくことができますように。神さま、あなたがお友だちを守り、助けがないように感じられるときでも、目を上げて、しっかり神さまを見ることができますよう導いてください。そして、神さまが進むべき道を示してくださいますように。どうか神さまがいつまでもわたしたちの生きる力でありますように。

神さま、そして、今日巣立っていくお友だちとともに、わたしたちが平和を作っていくことが出来ますように。

この小さな感謝と願いとを、イエスさまのお名前によって祈ります。アーメン。

春が来た

文／小林祥人

聖書は新共同訳／《》は聖書協会共同訳

聖書箇所

雅歌２章12節

暗唱聖句

花は地に咲きいで、小鳥の歌うときが来た。

《花々が地に現れ／さえずりの季節がやって来ました。》

（雅歌２章12節）

聖書解説

雅歌はもともと恋愛の喜びを謳歌する詩です。これの起源は謎ですが、アラビア地方の婚礼などに用いられる「ワスフ」という詩がもとになっているとも言われています。そして昔から神さまと人々の関係の比喩であるとか、イエスさまと教会の関係の比喩であるなど、さまざまな論考がされてきました。今回の箇所では、特に恋人たちの舞台となっている季節を「春」と位置づけています。そこには春が来た喜びが謳われています。「花は咲きいで、小鳥の歌うときが来た」とありますが、この感覚はただ古代イスラエルの宗教に限ったことではないでしょう。世界中の宗教には「春」を生命の息吹きなどと結びつける考え方はあると思われます。

ところで雅歌は旧約聖書に加えられていながらも、明らかに宗教的といえるような要素を見つけ出すことがほとんどできず、そこで解釈が難しくなっています。神さまと人とのやり取りのようなものも見受けられません。でもここには神さまが出てこない分、神さまの重要な役割があるようにも考えられます。それは神さまが「見守り役」に徹しているのではないかというところです。若い女性と男性の恋愛に際して、あまりうるさいことを言わず、むしろ何も言わず優しく見守る神というものを考えてしまいます。そこには楽しむべき青年期の瞬間というものがあり、それを味わうこともまた大切な人生の歩みだということを旧約聖書がおのずから理解していることかと思われます。

雅歌は恋愛というものに関心を集中させているとも見えますが、同時に自然の移り行く姿などにも敏感で、今回の聖句などはそのようなところです。冬が去り、春が来て神さまの造られたいろいろなものが、目に見えるように不思議に胎動を始めるのがこの季節ですが、ここでは一人の「恋人」の言葉として表現されています。「冬は去り、雨の季節は終った。」（11節）という言葉が印象的です。それはひとつの、我慢や苦悩の時が終わったという喜びの表現ではないでしょうか。

「春」が来たという喜びは、ただ暖かくなったということばかりではなく、この若者に強いられていた何事からかの解放でもあるように思われます。「かもしかのように、若い雄鹿のように」（2・17）人物が山を越え、丘を飛んでやってくる、その喜びの表現の中に、人間の本来的な喜びといったものが垣間見えるように思えます。神さまが人間に与えてくださるさまざまな喜びのうち、「掟」とか「戒め」にはあまり繋がらないと見えてもやはり重要なものを雅歌は示していると思われます。

お話の例

春が来ると、とっても気持ちが晴れやかになると思いませんか。それはきっと、それまでの冬の寒さが厳しかったからでしょう。わたしたちは厳しい時を過ごしたあとで、何かホッとできるようなことがあると良いなと思っています。神さまはそういう時を必ずくださいます。季節で言うと、春という季節がそうなのかもしれません。

神さまはいろんな季節を、この地球に生きているわたしたちにくださいます。その中で、少しずつ暖かくなってくる春は、冬眠していた生き物たちが目覚めて元気に地上に出てきたり、新しい命が生まれたり、そんなふうに何か新しいことが始まる予感がしますよね。わたしたちも元気を神さまからもらうことができて、そこでわたしたちもこの時期を楽しんでみたらいいなと思うのです。

日本という国では、新しいお友だちと出会うのがこの季節ですよね。どうか今までのお友だちも大切にしながら、新しく出会ったお友だちのことも知っていくことができるようにって、思います。

さて、小鳥さんたちも歌う季節だと聖書には書いてありますね。小鳥さんたちも冬はなかなかたいへんだったでしょう。特に子どもの鳥、「ひな」などは寒くて餌がなければ簡単に死んでしまいます。外で暮らしているんだから寒さには強いだろ……なんて、そんな生き物ばかりではありません。わたしたち人間よりも、ずいぶんいろいろ工夫して、冬の寒さを乗り越えてきたと思います。

そして今、春が来ました。みんなも暖かくなると、元気に外に出て、何かしてみたいことがあるでしょう。それを精一杯やってみてほしいなって、思います。春というこの季節の暖かさは、わたしたちのやりたいことを応援してくれます。そして、いろいろな生き物たちのようすなんかも見ることができると思いますけれど、それがよく分かるのもこの季節ですね。この世界は全部神さまが造ったものです。でも生き物たちが、どんなふうに育っていくのか、冬の間はあんまりよく分からなかったかもしれません。これからの季節は生き物のこと、自然のこと、いろいろよく分かるようになります。

どうしてでしょう。

それは、神さまが造った生き物たちが、とっても元気に動くのが春だからです。わたしたち人間もそうですよね。だから神さまの造った自然とか生き物などをたくさん見ると、きっと神さまのことがもっと分かるかもしれませんよ。鳥さんの鳴き声なども、きっと今までと違いますよ。雪や雨が降っている間、みなさんは我慢していたことが何かありましたか。誰でも、いつでも、ちょっとは我慢しないといけないことがありますけど、春はいろんなことができます。神さまがくださったこの季節を、みんなで大事に思いっきり使ってみましょうね。

豆知識

「ワスフ」は「描写」という意味で、ワスフと呼ばれるアラビアの詩に関係があるのではないかと言われてきました。

婚礼の場で歌われる「ワスフ」は、8日にもおよぶ祝宴で、新婦と新郎が王妃と王になぞらえられ、愛の歌と賛歌によって祝われるものですが、そのクライマックスにあるのは新婦による舞です。歌の中では「描写」と言われる通り、祝われる人たちの身体的美しさについての描写がなされるそうです。なお「ワスフ」そのものは、必ず婚礼の儀式に結びついているわけではなさそうです。しかし以上のような風習が、雅歌のような文学と関係があるのではないかと言われてきました。

人間の身体についての描写というのは、今日的とは思われませんが、しかし新しい門出に「その人らしさ」「その人の良いところ」を見つけて応援しているところはあるのではないでしょうか。そしてなによりも大切なのは民衆の詩であることです。

一般的な婚礼が王の結婚のように演出されるのですが、それは見方を変えれば、身分や立場に関係なく、人として大切な部分を敬うと理解することができるでしょう。人間の方では新しい門出に立つ若者たちをそのように祝うのですが、あまり出番のない神さまの方では、陰からそっと優しく見守っているということもあるのかもしれません。

「タラントン」のたとえ

文／山下智子

聖書は新共同訳／《 》は聖書協会共同訳

聖書箇所

マタイによる福音書 25 章 14 節～ 30 節

暗唱聖句

お前は少しのものに忠実であったから、多くのものを管理させよう。

《お前は僅かなものに忠実だったから、多くのものを任せよう。》

（マタイによる福音書 25 章 21 節）

聖書解説

イエスさまがなさった数々の「天の国」のたとえ話の中の一つです。

天の国は「天国」「神の国」とも言われ、イエスさまの福音宣教の鍵となる言葉です。天国とは死後の世界の事のように思われがちですが、イエスさまの天の国はむしろわたしたちが生きている現実世界のことです。イエスさまが目指したのは、悲惨な出来事、災害、争いなどで、いわゆる「生き地獄」状態となってしまうこの世を、神さまの愛が支配し、人々が互いに愛し合い、すべての命が尊重される、素晴らしい天の国とすることでした。

しかし、イエスさまにより実現しつつある天の国が完成するのはこれからのこと、終末、この世の終わりと呼ばれる時です。その時には十字架と復活の後、天に昇られた救い主イエスが再びこの世に来られると言われます。つまりこのたとえで長い旅に出る主人は救い主であるイエスさま、留守を任された三人の僕《しもべ》はわたしたちだと考えられます。イエスさまはわたしたちを信頼し、たくさんのものをゆだね、それを天の国の完成に向け積極的に活用するよう期待しているのです。

1タラントンとは、労働者6千日分の賃金にあたる大金です。5タラントン、2タラントンを預けられた僕《しもべ》たちは、それぞれ主人の信頼にこたえ、その大金を恐れることなく商売に使い倍に増やします。その一方で1タラントンを預けられた僕《しもべ》は、失敗を恐れて何もせず、預けられた大金を少したりとも増やすことはありませんでした。

この三人目の僕《しもべ》は、主人を失望させ、厳しく叱責されますが、この話の意図はそこから私たちの恐怖心をあおることではないでしょう。また、この世的なビジネスや成功の話として理解すべきでもないでしょう。

タラントンとは、英語の「タレント（talent／才能）」のもとになった言葉です。私たちはそれぞれに豊かな命の賜物を与えられています。つまりこの話は私たちが後になって後悔することのないように、今、わたしたちがイエスさまに大いに期待され、愛され、赦され、十分な賜物を与えられていることに気付くよう促しているのです。また天の国実現にむけ、イエスさまが命じた通りに大胆に互いに愛し合うよう励ましているのです。

そもそも三番目の僕《しもべ》の不安は、主人を無慈悲な厳しいだけの方と捉えたことに原因があります。一方、一、二番目の僕《しもべ》はむしろ主人は愛にあふれた方であり、主人の命じた通り大胆に託されたものを使うならば、実は主人が共にいてくださるも同然で、失敗などありえないことを知っていたのでしょう。

お話の例

みなさんは、お友だちと自分を比べて自信を無くしてしまったということはありませんか？　例えば、どうせ自分は頭が悪い、どうせ自分はかっこよくない、どうせ自分はお友だちもいないなんて考えてしまったことはないでしょうか？

「どうせ、どうせ」、そんな風な気持ちに捕らわれてしまうと、ますます自分がつまらなくてちっぽけな人間に思えて、もっと自信がなくなり、「失敗したらどうしよう」「きっと失敗してしまう」と考え、怖くてなにもできなくなってしまいます。

わたしたちは自分ができないこと、持っていないものを探して数えるのがとても上手です。でも本当に大切なのは自分ができること、いただいているものを探して数えることではないでしょうか。

聖書の中にはイエスさまがされたこんなお話があります。ある主人が、長い旅に出ることになり、三人の信頼する僕《しもべ》に自分の財産を預け留守中のことを任せることにしました。最初の僕には5タラントン、二番目の僕《しもべ》には2タラントン、三番目の僕《しもべ》には1タラントンをそれぞれ預けました。最初の僕《しもべ》、二番目の僕《しもべ》はそれぞれ預かったお金で商売をし、倍に増やしますが、三番目の僕《しもべ》はただ地面に穴を掘りお金を埋めておきました。主人は帰ってきたときに、最初の僕《しもべ》、二番目の僕《しもべ》を「良い僕《しもべ》だ、よくやった」と褒めとても喜びます。しかし三番目の僕《しもべ》にはとてもがっかりして、厳しく叱ったのです。

なぜ、三番目の僕《しもべ》は何もしなかったのでしょうか。それは失敗することが怖かったからです。なぜ失敗をすると思ったのでしょう。それは他の僕《しもべ》たちと自分を比べて、どうせ自分は1タラントンしか預けてもらえなかった、どうせ自分はあまり期待されていない、どうせ自分はダメなのだと思ってしまったからではないでしょうか。

実は、タラントンとはとても大きな金額を表します。三番目の僕《しもべ》が預けられたのは1タラントンでしたね。これはおとなが6千日間一生懸命働いて得られる賃金です。少し乱暴ですが1日1万円の賃金とすれば6千万円、土日を休んだとして考えるとなんと約23年分の賃金ですよ。これをポンと預けたのですから、主人は三番目の僕《しもべ》も大変に信頼し、期待をしていたのですね。

ところでこのタラントンは英語で「才能」を意味する「タレント」のもとの言葉です。イエスさまのこのたとえ話では、「主人」は「イエスさま」で、「僕《しもべ》たち」は「わたしたち」と考えられるでしょう。わたしたちはそれぞれ、さまざまな素晴らしい愛の贈り物をいただき、それを使うように期待されています。もちろんみんながオリンピックの金メダリストや、ノーベル賞の受賞者になれるわけではないでしょうが、それでもわたしたちは大切な命をはじめ、それぞれの個性や才能、生きるために必要な空気など、たくさんのものを生まれた時から与えられています。

わたしたちに大切なことは、お友だちと自分を比べることではなく、イエスさまがいつもわたしたちに期待して励ましてくださっていることを忘れずに、いただいているものをしっかり確かめ、感謝して、わたしたちらしく使うことではないでしょうか。イエスさまは、わたしたちが自信を無くしてなにもできずに、あとで後悔をすることがないようにタラントンのたとえ話をしてくださったのですね。

たとえばノーベル平和賞を受賞されたマザー・テレサさんは「平和は微笑みから始まる」と言われましたよ。確かにわたしたちがノーベル賞をもらうことはないかもしれません。でもそんなわたしたちにも、この世界がイエスさまの望まれるような本当に平和でみんなが幸せに暮らせる場所であるために、まだまだできることはたくさんありそうですね。笑顔もそうですし、その他にはどんなことがあるでしょう。考えてみましょう。

「種を蒔く人」のたとえ

文／山下智子

聖書は新共同訳／《 》は聖書協会共同訳

聖書箇所

ルカによる福音書 8章4節〜 8節

暗唱聖句

ほかの種は良い土地に落ち、生え出て、百倍の実を結んだ。

《ほかの種は良い土地に落ち、芽が出て、百倍の実を結んだ。》

（ルカによる福音書 8章8節）

聖書解説

このイエスさまのたとえ話は、「種を蒔く人」のたとえと呼ばれますが、種が蒔かれた「土地」のたとえでもあります。幸いこのたとえについては、イエスさまご自身がその説明をされています（8・11〜15）。とは言え、イエスさまの語る種蒔きと、事前に畑を耕し整える日本の種蒔きとではだいぶようすが異なることは踏まえておいた方が良いでしょう。イエスさまの時代の種蒔きは、例えばミレーの名画に描かれているように手に取った種をパッと広範囲に蒔くものです。そして鋤《すき》や鍬《くわ》で種を土に混ぜ込み、あとは自然に任せるのだそうです。だからこそ、種がどんな土地に落ちたかということが、後々大きな違いになります。

このたとえで「種を蒔く人」とは「イエス」、「種」とは「イエスの御言葉」です。そして種が蒔かれた「土地」とは「御言葉を聞くわたしたちの姿勢」あるいは「心のありよう」と言っていいでしょう。

「道端」とは畑の中で農夫が歩いて固く踏み固められた所です。これは御言葉がせっかく与えられても、馬鹿にして固く心を閉ざして受け入れず、容易に種を奪われてしまう人のことです。「石地」とは土が浅く、水気のない石だらけの所です。こうした所では、マタイ（13・1〜9）、マルコ（4・13〜20）により明らかなように、種からすぐ芽は出ますが根が育ちません。そのため日が照ると日に焼かれて簡単に枯れてしまいます。これは御言葉を聞くとすぐに喜んで受け入れますが、根がない、つまり御言葉を人生の土台とすることができないため、少し試練にあうと御言葉からすぐに離れてしまう人のことです。「茨の中」とは、御言葉を受け入れますが、生きる上での悩みや、人よりも得をしたい、楽をしたいといったさまざまな誘惑に邪魔されてしまい、信仰の根に支えられた人生の枝葉が大きく育つことがなく、それゆえ実を結べない人です。

一方で「良い土地」とは「素直な心で御言葉を聞き、よく守り、忍耐する人」です。御言葉を柔らかい心でしっかりと受け入れ、どんな時も大切に守ることにより、御言葉はまさに「命の種」「愛の種」としてその力を発揮し、私たちを豊かに生かし、実りをもたらすのです。

時にわたしたちは道端、石地、茨の中の土地のようになってしまいますが、一方で良い土地になる可能性もあります。大切なことは、わたしたちが御言葉に聞き従う良い土地となることを大いに信じ期待して、イエスさまが御言葉の種を蒔き続けてくださっていることであり、わたしたちがその愛に応えしっかりイエスさまの御言葉に聞き従うことでしょう。

お話の例

みなさんは、種蒔きをしたことがありますか？（※パクチーを見せながら）わたしは今年、この種を蒔きました。分かりますか？　パクチーという香りの強い葉っぱです。実は、このパクチーはこの間スーパーで買ったものです。本当は、家でパクチーをこんな風に大きく育てて、たくさんサラダに入れて食べようと思っていました。ところが何度チャレンジしても、ちっともうまくいきませんでした。種を蒔くと、芽は出るのですけど、どれも大きくならず、すぐに枯れてしまいました。

なぜ育たなかったのでしょうか？　みなさんは何が原因だと思いますか？　驚いたことに答えは聖書の中にありました。イエスさまが教えてくれました。原因は土と根っこです。どうやら種を蒔いた植木鉢の土が悪かったので、芽が出ても根っこがちゃんと育ってなかったようです。だから少しお水が足りないとか、少し暑いとかで、すぐに枯れてしまったようなのです。

イエスさまはある時、種蒔きの話をされました。イエスさまの時代、種蒔きはどんな風にするか知っていますか？　こんな風に蒔きます（ミレーの「種をまく人」の真似をしてみせる）。種を手にとったら、パッとあたりにまきます。するとどうなるでしょう？　いろいろな所に種が落ちます。ある種は道端に落ちました。すると人に踏みつけられたあと、空から鳥さんが見つけて、パクッと食べてしまいました。残念。芽は出ませんでした。

次の種は石ばかりの栄養のない土地に落ちました。これはわたしの家のベランダの植木鉢と同じです。すぐ芽は出ますが、土が悪いのでちゃんと根が育ちません。だから、残念。これはすぐ枯れてしまいました。

三番目の種は茨や雑草がたくさん生えたところに落ちました。芽は出ましたが、まわりの茨や草が邪魔をします。残念。これはちゃんとは育ちませんでした。

残りの種はどうでしょう？　これらの種は良い土地に落ちました。芽が出て、根っこも深く広く張りました。だからとても大きく育って、茨や雑草にも負けず、100倍も実りがありました。これは、ヤッター！　おめでとうですね。

実は、この話はイエスさまが大切なことをわたしたちに教えるために話してくださったたとえ話です。イエスさまのお話に出てくる「種」は「イエスさまの言葉」のことです。そして種が蒔かれたいろいろな「場所」、「土」は、「わたしたちがどんな姿勢でイエスさまの言葉を聞き受け入れるか」を表しています。

イエスさまが蒔いてくださった御言葉の種が心の中にあると、どんな時もイエスさまがわたしたちを大切に愛して守ってくださることが感じられ、いつも忘れずに過ごせるようになります。この素敵な御言葉の種を、イエスさまなんて関係ないやとその辺に放り出してしまって、誰かに踏まれたり、鳥さんに食べられたりしてはとてももったいないですね。しっかりと心の中で大切に守っていきましょう。

そうすれば、イエスさまが蒔かれた愛の種は、だんだんとわたしたちの心の中に根を伸ばします。根っこを大切に深く広く育てましょう。愛の種の根がしっかり張ると、わたしたちにも誰かを大切に思いやる気持ちが芽生え、その思いが簡単に枯れることはなくなります。また、いろいろなことで迷い、弱い気持ちに負けてしまいそうになる時にも、それを乗り越えていくことができるでしょう。そして、イエスさまがわたしたちを愛し大切にしてくださるように、わたしたちも出会う人たち、それも一人ではないですよ、100人、もしかしたらそれ以上かもしれませんが、その人たちを大切に思いやり、一緒に助け合って歩んでいけるようになるのです。

わたしたちは見えるものや結果ばかりに注目しがちですが、実は見えないもの、イエスさまの言葉や心の中、根っこのようなものこそ大切なのですね。

※パクチーはインターネットから写真を調達したり、他の野菜に変更しても良いです。その場合はお話をアレンジしてお用いください。

「見失った羊」のたとえ

文／山下智子

聖書は新共同訳／《 》は聖書協会共同訳

聖書箇所

ルカによる福音書 15章1節〜7節

暗唱聖句

見失った羊を見つけたので、一緒に喜んでください

《見失った羊を見つけましたから、一緒に喜んでください》

（ルカによる福音書 15章6節）

聖書解説

「見失った羊」のたとえは、続く「無くした銀貨」のたとえ（15・8〜10）、「放蕩息子」のたとえ（15・11〜32）と共に、いずれも「神の愛」「神の喜び」をテーマにしてイエスさまが語られたものです。

1〜3節にこれら3つのたとえの背景となる状況が記されています。「徴税人」は「罪人」の代表のように考えられました。聖書の罪人は、現代の犯罪者とは少し異なり、ユダヤ人にとって大切な宗教的戒律である律法をさまざまな事情から守らない・守れない人々であり、それゆえに救われない人々であると軽蔑され敬遠されていました。娼婦、異邦人（外国人）、病人なども皆罪人と考えられていました。

しかし、イエスさまは彼らと食事をし、語り合い、親しく交流しました。イエスさまはそうした自らの言動をとおして、これらの人々も神さまが愛し、救おうとされている大切な人々であることを示したのです。

そんなイエスさまに対して、ユダヤ人の中でも特に律法を守ることに熱心だったファリサイ派や律法の専門家は不平を言います。これらの人々は当時の社会で一目置かれていた宗教的・社会的エリートで、自他ともに当然神さまに愛され救われる者であると考えていました。彼らはイエスさまが自分たちに対する以上に、いわば宗教的・社会的落ちこぼれと考えられていた人々に温かな愛をもって接しているよう見えることが、全く理解できず、不平を言いました。

そんな不満を持つ人々にイエスさまがまず4節以下で話されたのが「見失った羊」のたとえです。このたとえでは、「神」が「羊飼い」、「徴税人や罪人」が「見失った一匹の羊」、「ファリサイ派、律法学者」が羊飼いにきちんとついていった「99匹の羊」にたとえられています。

大切なことは羊飼いにとってこの迷子の一匹は、決して失ってはならない、かけがえのない大切な一匹であることです。そのことは羊飼いのなりふり構わない、忍耐強い探索や、羊を見つけたあとの大変な喜びように明らかです。神さまの愛の論理の前には、この世的な損得勘定や自己責任論は通用しません。とにかく居ても立っても居られないほどにその一匹の羊、一人の人間が大切なのです。

なお、イエスさまは神さまの愛をこの世で体現された救い主であり、神の子、神さまに等しい存在と考えられますが、お話の中で「神さま」「イエスさま」を併用すると神さまが複数いるような勘違いも起こりがちです。話の内容や聞かれる方の状況に応じて、イエスさまに統一して話すなどの工夫も必要でしょう。

お話の例

みなさんは迷子になったことがありますか？　今日は迷子になってしまった女の子のお話をしましょうね。

ある日小さなともちゃんは、大きなお兄ちゃんと一緒にお買い物に行きました。行先はデパートです。ともちゃんは「お願い！お願い！」と大騒ぎをして連れて行ってもらえることになったのです。お兄ちゃんは「迷子になったら大変だから、ちゃんと手をつないで絶対に離しちゃだめだよ」と言いました。

ともちゃんはデパートが大好きです。なぜって、デパートにはきれいなお洋服や、かわいいハンカチ、楽しいおもちゃ、おいしそうなケーキ、なんでもあるからです。見ているだけでワクワクしてきて、いつも広いお店の中を隅から隅まで全部見たいと思っていました。

ともちゃんはお兄ちゃんに「ちょっとだけ手を離してもいい？　絶対に遠くには行かないから」と何度もお願いしました。ついにお兄ちゃんは「必ず見えるところにいること」と言って心配そうに手を離しました。

実はともちゃんは、とても怖がりです。そんなに心配しなくてもお兄ちゃんが見えなくなるようなところには絶対行きません。だから絶対大丈夫、なはずでした……。

それなのにあっちを見たりこっちを見たり、ともちゃんはすっかり夢中になってしまいました。そして気が付くと知らない人ばかりのところに一人、ぽつんといたのです。「お兄ちゃーん！」と呼んでみました。返事はありません。「お兄ちゃーん！」、近くを探してみました。でもまったく姿が見えません。だんだん心細くなってきました。「お兄ちゃーん！」必死で呼びながら、グルグルあたりを歩き回りましたが、どこにもいません。ともちゃんは自分が迷子になってしまったことに気が付きました。怖くて怖くて泣きそうです。どうしたらいいでしょう。

「そうだ、見つけてもらえるよう、ここにともちゃんがいるよってお店の人に放送してもらえばいいんだ。」ともちゃんは、時々店内に流れる、「迷子のお知らせ」の事を思い出しました。でもどうしたら放送してもらえるのでしょう。すっかり困ってしまいました。

その時です。「ともちゃん！」お兄ちゃんの声です。お兄ちゃんが探しに来て、ともちゃんを見付けてくれたのです。「お兄ちゃん！」、ともちゃんはうれしくてほっとして、それまで我慢していた涙がポロリとこぼれてしまいました。「本当に、本当に、心配したよ。見つからなかったらどうしようって思いながら一生懸命探したんだよ。」お兄ちゃんもほっとした顔でとてもうれしそうです。ともちゃんは、もう絶対迷子にならないようにと大好きなお兄ちゃんの手をぎゅっと握りました。

ところで聖書にはイエスさまがされたこんなお話があります。100匹の羊を飼っている羊飼いさんがいて、そのうちの一匹が迷子になってしまったのです。おそらく小さなともちゃんみたいに怖がりだけど、あちこち気になるものがたくさんある、小さな羊さんだったのかもしれませんね。その羊飼いさんはチビの一匹ぐらいまあいいかとか、そんなわがままな羊はいなくなってかえってよかったなどとは少しも考えず、必死に迷子の一匹を探します。そして見つかったら大喜びしてくれるのです。見つけてもらった迷子の羊さんはどんなにうれしくて安心したでしょうね。

イエスさまのこのお話、わたしたちがいろいろなことで困ってしまい迷子のように心細い思いでいるときに、必ずイエスさまがわたしたちの助けを呼ぶ声を聞いて探して見つけ、助けてくれることを教えてくださっています。

イエスさまがどんなに小さなわたしたちであっても、大切に思って助けてくださるなんてとてもうれしいですね。

「無くした銀貨」のたとえ

文／山下智子

聖書は新共同訳／《 》は聖書協会共同訳

聖書箇所

ルカによる福音書 15章8節～10節

暗唱聖句

一人の罪人が悔い改めれば、神の天使たちの間に喜びがある。

《一人の罪人が悔い改めるなら、神の天使たちの間に喜びがある。》

（ルカによる福音書 15章10節）

聖書解説

「無くした銀貨」のたとえはこの前後の「見失った羊」のたとえ（15・1～7）、「放蕩息子」のたとえ（15・11～32）と共にイエスさまが語られた一連のたとえ話です。ぜひ前後のたとえ話の解説も参考にしてください。

これら3つのたとえ話には「失われたものが見つかる」という共通点があり、それによってさまざまな事情により神さまのもとから離れてしまっていた人々を、いかに神さまが愛し心配しているか、それゆえにこれらの人々が再び見いだされ神さまのもとに立ちかえることは、神さまの大きな喜びであることが巧みに語られています。

聖書の「悔い改め」は「回心」をもたらしますが、これは一般的な「改心」とは異なります。自分の過《あやま》ちを単に反省する事だけではなく、神さまに背を向け信じられずにいた人の心がぐるりと神さまの方へとまわり、神さまを信じその愛の内に生きられるようになることです。

「神の愛」「神の喜び」を共通テーマとする一連のたとえ話ですが、この「無くした銀貨」のたとえには大きな特色があります。それは神さまのもとから離れてしまった「罪人」が前後の話では「羊」や「息子」にたとえられているのに対して、この話では無機的な「銀貨」にたとえられていることです。羊や人ですとそれぞれの行動や個性が目立ちますので、自分に似た羊や人に注目し、どちらかが良い、悪い、好き、嫌いなどと考えがちです。一方、銀貨ですとむしろそれを探す女性により目が行くのではないでしょうか。そのため、銀貨を探す女性の必死さや見つけた際の喜びがよりシンプルに伝わりやすいようにも思われます。もちろん、この話では「神」がこの「女性」にたとえられており、話の形式は「見失った羊」のたとえと対になるものです。

1ドラクメとは1デナリオンと同等で、労働者一日の賃金に当たります。女性が無くしたのは10枚の銀貨の内の1枚ですが、銀貨であるがゆえに、女性にとってはその一枚一枚にまったく同じ尊い価値があることがより明らかです。ある銀貨には10ドラクメの価値、別の銀貨には0.1ドラクメの価値、などということはありえません。

女性はともし火をつけ、家の中を掃除し、見つかるまで念入りに探します。銀貨は当時の薄暗い部屋の片隅に落ちてしまい、塵にまみれていたのです。神さまはご自分のもとから離れてしまい、自分ではまったく身動きの取れない状況にある人々の困難や絶望に対し、思いがけないほどの愛と熱意をもって救い主イエスにより一方的に救い出し、大いに喜んでくださる方なのです。

お話の例

みなさんは、大切なものを無くしてしまったことがありますか？　たとえばとっても大切な宝物が無くなってしまったらどうしますか？　きっと一生懸命探すのではないでしょうか？　そして見つかったらとってもうれしい気持ちになり、大喜びするのではないでしょうか？

今日はわたしのお友だち、聖子さんのお話をしましょう。聖子さんはとってもかわいらしい素敵なおばあちゃんですが、この頃だんだんと耳が聞こえなくなってきました。それで毎日、補聴器を使っています。補聴器はとても小さな器械ですけれども、耳につけると耳の代わりをしてくれるので、聖子さんにとってはとっても大切なものです。聖子さんは朝、目が覚めるとまず補聴器を耳につけます。すると大好きな小鳥のさえずりが聞こえ、毎日楽しく元気に過ごすことができるようになります。

ところがある日、聖子さんはその大切な補聴器を無くしてしまいました。補聴器がないとまるで耳が無くなってしまったようなもの、家族の声も、テレビの音もよく聞こえなくなりたちまち困ってしまいました。それに補聴器はお菓子やジュースのように、コンビニやスーパーですぐに買えるものではありません。専門のお医者さんにいって時間をかけてよく聞こえるように調整してもらわなくてはなりませんし、値段もとっても高いのです。

ですから、聖子さんは一生懸命探しました。まずいつも補聴器を置くテーブルの上を丁寧に見ました。ありません。棚や引き出しの中でしょうか。ありません。きっと床の上に落ちたのかもしれません。床に膝をついて、ソファーの下まで祈るような気持ちでのぞき込みましたがどこにもありません。「もう見つからないのでは」「どこで無くしてしまったのだろう」、聖子さんはとても悲しく、苦しい気持ちになってきました。

でも、聖子さんはあきらめませんでした。なぜでしょう？　それは補聴器がとても大切な宝物、それも聖子さんの耳そのものといってもいいようなものだからです。

最後に聖子さんは、「まさかこんな所にあるわけはない」とも思いましたが、あきらめきれずに大きなゴミ箱の中を探しました。紙くずに、果物の皮、穴の開いた靴下、ゴミを一つひとつ全部取り出して調べましたが、やはり補聴器はどこにもありません。

「本当に無くなってしまったのだろうか」、つらい気持ちで聖子さんが最後の最後に大きなゴミ箱の底を覗き込んだ時のことです。まだ何かが汚いゴミ箱の隅に引っかかっているようです。何でしょう。取り出してみると、なんと、聖子さんが一生懸命探していた補聴器だったのです。

聖子さんは、うれしくて、うれしくて、大喜び。遠く離れて住んでいるわたしのところにも「すごくうれしいことがあったの！」といって電話がかかってきました。

ところでイエスさまのお話の中にも、聖子さんとよく似た女の人がでてくる話があります。女の人が無くしてしまった宝物は補聴器ではなく銀貨ですが、やはり同じように見つかった時には大喜びします。

イエスさまがこのお話をされたのは、「イエスさまにとってみなさんは大切な宝物のような存在」ということを伝えるためでした。もしも、みなさんがいなくなるようなことがあれば、それはイエスさまにとってはご自分の耳や、体の一部を無くしたようにとても辛くて悲しいことです。

だから、もし、みなさんが苦しんでいたら、それが誰であってもイエスさまは必ず助けてくださいますし、守ってくださいます。そして、みなさんが苦しみを乗り越え、元気とみなさんらしさを取り戻せば、イエスさまは大喜びしてくださいます。

わたしたちがイエスさまの大切な宝物だなんて、本当に素敵な心強いことですね。

「放蕩息子」のたとえ

文／山下智子

聖書は新共同訳／《 》は聖書協会共同訳

聖書箇所

ルカによる福音書 15 章 11 節〜 32 節

暗唱聖句

まだ遠く離れていたのに、父親は息子を見つけて、憐れに思い、走り寄って首を抱き、接吻した。

《まだ遠く離れていたのに、父親は息子を見つけて、憐れに思い、走り寄って首を抱き、接吻した。》

（ルカによる福音書 15 章 20 節）

聖書解説

「放蕩息子」のたとえは、「見失った羊」（15・1～7）、「無くした銀貨」のたとえ（15・8～10）と共にイエスさまが語った一連の話です。他の二つのたとえ話の解説、特に「見失った羊」の解説に記した話の背景を参考にしていただければと思います。

「放蕩息子」のたとえの大きな特色は、「神」が愛情深い「父」に、そして神のもとを離れてしまった「罪人」が「放蕩の限りを尽くした弟息子」に重ねられているだけでなく、後半25節以下で「ファリサイ派・律法学者」が放蕩息子の「兄」に重ねられ、丁寧に語られることです。特に15章2節にみられるファリサイ派・律法学者の不満が、兄の不満として巧みに描かれます。「見失った羊」「無くした銀貨」に続く「弟息子」の話で、再び罪人に対する「神の愛」と彼らの悔い改めに対する「神の喜び」が繰り返され強調されます。そしてその後に兄の話を語ることで、イエスさまは「神の愛」の寛大さに不満を持つ人々に、「神の愛」と「神の喜び」に連なる者となるようにと強く促すのです。

この時代の相続財産は羊や土地で、死後に初めて分与されるもので、兄が3分の2、弟が3分の1を受け継ぎます。寛大な父は弟息子の求めに応じ、財産を生前分与します。ところが「親の心、子知らず」で弟息子はそれをお金に換えると、家をでて、放蕩の限りを尽くしすべての財産を失います。「遠い国」は異邦人（他宗教を信じる外国の人々）の地域でしょう。困窮した弟息子は、ユダヤ人にとっては汚れた動物とされる豚の世話をし、そのえさの「いなご豆」でも食べたい思うほど落ちぶれます。しかしようやくそこで彼は父の深い愛を思い起こし、ハッと我に返ります。自らの過ちを悔い改めて戻った弟息子を、父は大変喜び最愛の息子として迎えます。「指輪」は「権威」を、「履物」は「奴隷でないこと」を示します。

一方、兄は弟とは異なり父のもとに留まり一見優等生的ですが、「親の心、子知らず」の点で、実はもう一人の放蕩息子です。父と同じように弟をかけがえのない家族として愛していたなら祝宴で一緒に喜べたでしょうが、「あなたのあの息子は……」とまるで他人扱いをして怒ります。父がなだめてもまったく受け付けません。兄は父のもとで十分な恵みを受けており、何一つ自分のものを失ってはいませんが、そのことへの感謝を忘れ、父の弟への寛大さに不満を募らせるのです。父が望むのは、「お前のあの弟」に共に心広くあること、共に楽しみ喜ぶことです。

お話の例

昔々、ある所に、二人の息子をとても愛し大切に思っているお父さんがいました。ある時、弟息子が、「お父さんの財産のわけまえを今すぐください」と言いだしました。そして財産をもらうとすぐに全部お金に換えて遠い国に行き、好きほうだい遊び、お金をあっという間にすべて使ってしまいました。ちょうどその頃ひどい飢饉が起こり、弟息子はたちまち食べ物に困り、仕方なく豚の世話をすることになりました。

弟息子は情けない気持ちで何とか働いておりましたが、それにしてもお腹がすいて、お腹がすいて目がまわり、今にも死にそうです。豚の餌を横取りして食べようかと本気で考えるほどでしたが、それでも誰も彼を助けてはくれませんでした。

本当にみじめなどん底を味わったときに、弟息子の心に大きな変化が起こりました。家を飛び出して以来考えることもなかったお父さんのことがしきりと思い起こされ、はじめて自分がどんなに愛され、何一つ不自由なく幸せな生活を送っていたか、それなのに自分は感謝をすることもなく、いつも不平不満ばかりで、どんなに間違っていたかが目が覚めたように身にしみて分かったのです。そのことに気が付いた弟息子は、許してもらえないかもしれないけれど、家に帰り、お父さんに「ごめんなさい」と謝ろうと決心をしました。

やがてふるさとの懐かしい景色が見えてきました。でもどんな顔をしてお父さんに会い、どう謝ればいいのでしょうか。いろいろ考えると弟息子はやっぱり怖くなり、逃げ出したいような気持ちになりました。ところがです。その時遠くから弟息子の名前を呼びながら、手を振り駆け寄ってくる人がいます。お父さんです。お父さんは、たちまち彼をぎゅっと抱きしめると「お帰り。よく帰ってきてくれたね」と言ってくれたのです。弟息子は「お父さん、ごめんなさい」と心から謝りました。お父さんは、「毎日お前のことを考えない日はなかったよ。もう死んでしまったのではないかと思って、どんなに心配したことだろう。それが生きて帰ってきてくれて、こんなにうれしいことはない」と、とても喜んでくれました。そしてそれは盛大なお祝いのパーティーを開いてくれたのです。

ちょうどその時です。畑にいた兄息子が家に帰ってきました。弟が帰ってきてお祝いをしてもらっていることを知ると、お兄さんの心には「なんであいつばっかり、ずるい！」というどす黒い怒りがむくむくと湧き上がりました。お兄さんは、自分は弟とは違ってお父さんを絶対に悲しませたりしないし、まじめに頑張っていると思っていたからです。

しかしそんなようすこそ、お父さんを一番悲しませるものでした。お父さんはお兄さんの常日頃の努力を良く知っており、お兄さんのこともとても大切に思っていました。でもたった一人の大切な弟が間違いを心から反省し、生きて無事に戻ってきたのに、一緒に喜ぶどころか「あんな奴」と腹を立てて許さないとは、本当に胸の痛むことでした。しかもお兄さんは自分が絶対に正しいと思うあまり、お父さんが慰めてもかえって弟にも父親にも怒りを深めるばかりだったのです。

このお話、どうやらお父さんを悲しませ、「ごめんなさい」を言わなくてはならないのは弟息子ばかりではないようですね。イエスさまはこのお話を通して、息子たちが父親を悲しませたように、わたしたちも間違ったことをしたり、自分が正しいと思うあまり誰かに腹を立てたりして、イエスさまを悲しませてしまうことがあることを教えてくださっています。

イエスさまはわたしたちがそのことに気が付き、優しい気持ちで誰かと一緒に悲しんだり喜んだりできるようになることを待っていてくださいますよ。

子どもを祝福するイエスさま

文／久世そらち

聖書は新共同訳／《 》は聖書協会共同訳

聖書箇所

マルコによる福音書 10章13節～16節

暗唱聖句

子供たちをわたしのところに来させなさい。

《子どもたちを私のところに来させなさい。》

（マルコによる福音書 10章14節）

聖書解説

イエスさまが子どもたちを祝福する、よく知られた聖書の一場面です。一読してどんな光景を思い描くでしょうか。人々が見守る中、イエスさまがかわいらしい幼な子を抱き上げ、それをうれしそうに見守る母親たち……。イエスさまに叱られた弟子たちが、うしろで気まずそうにしているようすも思い浮かぶでしょうか。

けれども、聖書をていねいに読むと、また少し違う光景を描くこともできるように思います。

子どもたちは、イエスさまに「触れていただくため」（13節）に連れてこられました。それはもちろん、祝福を祈ってもらうためとも考えられますが、「触れる」には、「癒す」という意味もありました。当時、とくに貧しい人々は、病気になったり大けがをしたりしても、医師に見てもらって薬を求めることなどできませんでした。大切な人が弱り衰えていくのに、何もすることができず、せめて手をあてて見守るほかなかったのです。そんな時、普通の人ではない、何か不思議な力のある人に「触れていただく」ことで、病が癒されるかもしれないと信じられていたのです。

このときイエスさまのところに連れてこられた子どもたちも、健康で元気な子ばかりではなかったでしょう。当時はしばしば戦乱や災害が起こり、社会には大きな貧富の差がありました。病み衰えた貧しい子どもたちが大勢いたはずです。そういう子どもたちを連れてきた「人々」は、子どもの親とは限りません。病んだり飢えたりしたまま放置されている子どもを、見かねた誰かが連れてきたのかもしれません。そういう、どこの誰とも知れないぼろぼろの弱った子を「癒してください」と連れてこられたのだとしたら、弟子たちが困惑してそれを叱ったのも無理はなかったことでしょう。

それでも、イエスさまは、そんな子どもたちを抱き上げ、手を置いて祝福されたのです。これから、豊かで健康な人生を安心して生きていけるとはとうてい思えない子どもたちだったとしても、イエスさまはそれを祝福されました。厳しく困難な人生の歩みに、それでも祝福を与えて送り出してくださったのです。

「子供のように神の国を受け入れる」（15節）とは、「もう頼れるものは神さまのほかにない」という切羽詰まったギリギリの思いと共に、「それでも祝福されている」という信頼を意味するでしょう。

お話の例

「お姉さん、お姉さん」と、弱々しい声がしました。ミリアムが近づくと、汚れた布の塊がもこもこ動き、ぼさぼさの頭がつきだしました。弟のヨナタンです。

「ほら、元気だして」と、ミリアムは、わずかな食べ物が入った器を差し出しました。ヨナタンは、あえぐように肩を動かしながら、ゆっくりゆっくり食べ物をかみしめました。

２人のお父さんは、数年前、このあたりを兵士たちが襲ったとき、どこかに連れていかれてそれっきりでした。その後、２人を守ってくれていたお母さんも、半年ほど前に病気で死んでしまったところでした。２人をひきとった親戚のおばあさんも貧しい暮らしです。ミリアムは村の人の仕事を手伝っては少しの食べ物やお金をもらい、まだ幼いヨナタンに食べさせていました。

数日前から、そのヨナタンに元気がありません。だんだん気分が悪くなってきているようなのです。

心配になった親戚のおばあさんが、隣のレビおじさんを呼んできました。おじさんはヨナタンのようすを見て、あちこち触ったり手足をさすったりしていましたが、やがてそっとミリアムに言いました。

「悪い病気かもしれない。わたしには、どうすることもできないよ。」

唇を噛んで泣き出しそうなミリアムを見て、レビおじさんは何か思い出したように、

「もしかしたら、あの人なら何とかしてくれるかもしれない」とつぶやいて、ヨナタンを抱き上げました。

隣の村のある家の前についたのは、もう日も傾いてくるころでした。ヨナタンを抱いたレビおじさんが、ミリアムといっしょに家の入り口にむかうと、中から男の人たちが出てきました。

「何か御用ですか。」

「イエスさまがここにいると聞きました。この子に触れていただきたいのです。そうすれば元気になるかもしれません。」

すると男の人たちは迷惑そうな顔をしてぶつぶつ言い始めました。

「困るなあ、無理を言われても。」

「イエスさまは医者じゃないんだ。」

「何でも思いどおりにしてくれると思ったら大間違いですよ。」

ミリアムは胸がはりさけそうでした。ヨナタンを助けることができないのです。

そのとき、大きな声が聞こえました。

「何をしている、子どもたちを来させなさい！」

男の人たちが慌てているところに、家の中から姿を現した人がいます。真剣な目をして、ヨナタンと、ミリアムと、レビおじさんを順々に見つめました。

そしてヨナタンをそっと抱きとると、その頭に手を置いて、祝福を祈ってくれました。それからミリアムの頭にも同じように手を置いてくれたのです。

大きな温かいその手が触れたとき、ミリアムは不思議にも心の底からほっとするのを感じました。ふと見ると、抱き上げられたヨナタンがミリアムを見てにこにこ笑っています。ミリアムもにっこり笑い返していました。

わたしたちのお祈り

わたしたちのイエスさま
子どもたちを助けてください、
守ってください
体や心の痛み苦しみ、
悲しく辛く恐ろしいできごと
恐ろしい戦争やみじめな貧しさに
おびえてふるえる子どもたちに
優しくそっと触れてください。
この町の子どもたち、この国の、
そして世界中の子どもたちのために
おとなたちが何をしたらいいかも
教えてくださいますように

アーメン。

愛されるわたしたち

文／久世そらち

聖書は新共同訳／《 》は聖書協会共同訳

聖書箇所

ヨハネの手紙 一　4章7節～12節

暗唱聖句

互いに愛し合いましょう。

《互いに愛し合いましょう。》

（ヨハネの手紙 一　4章7節）

聖書解説

『ヨハネの手紙一』は、「愛の手紙」と呼ばれるように、「愛」という言葉がキーワードとして繰り返されています。とくに、ここでとりあげる4章7節以下では、「愛する者たち、互いに愛し合いましょう」（7節）という呼びかけに続いて、神の愛や、愛し合うことについて、印象的な言葉が重ねられていきます。

しかし、ここにはもうひとつ、隠れたキーワードがあります。それが、「神を知る」という言葉です（7～8節）。

この手紙には、たしかに愛を促す美しい言葉があふれていますが、一方では、不気味な危険がしのびよっていることへの警告もはっきり記されています。2章18節以下には「反キリスト」、また4章1節以下には「偽予言者」と名指しされるような人々への厳しい言葉が連ねられています。いずれも、神について、キリストについて、間違ったことを教えた人々のことです。しかも彼らは、自分たちこそ「神を知っている」と主張したのです。

それに対して、「神を知る」とは本当はどういうことかを、この手紙は教えています。「神を知る」とは神の掟を守ること（2・4）、そして神の掟とは、互いに愛し合うことです（3・23）。そのことを「愛する者は……神を知っているからです。愛することのない者は神を知りません」（4・7～8）と、繰り返し述べているのです。

この手紙が、一生懸命「互いに愛し合いましょう」と促しているのは、なかなかそうすることができない現実があったからに違いありません。キリストを信じる仲間たち、すなわち教会の中で、「我々こそ、神を知っている」と主張し合い、互いの愛がないがしろにされる状況が深刻だったのではないでしょうか。だからこそ、その状況に心を痛め、また信仰の点でも放ってはおけないと考えてこの手紙が書かれたのでしょう。

一方、この手紙が、無視されて捨てられることなく、二千年後の今日まで伝えられているということは、この手紙で訴えられた「互いに愛する」ことが、手紙を受け取った人々にとってはとうてい無視することができない大切なこととして受けとめられたことを示しているでしょう。

この「愛の手紙」は、ただ愛を讃え、促しているのではありません。失われかけた愛を回復し、傷ついた絆をもう一度結び直す手紙なのです。

お話の例

昔々のことです。ヨハネのところに、遠くから一通の手紙が届きました。こんなことが書いてありました。

＊　＊　＊

ヨハネ先生、大切なイエスさまのことを教えてくださってありがとうございます。あれからみんな、イエスさまのこと、神さまのことをもっともっと知りたいと願い続けて、いろんなお話を聞くようにしています。

でも、今、とても困ってしまっているのです。どうか先生、何が正しいのか、どうしたらいいのか、教えてください。

わたしたちの仲間のユリウスは、これまで、神さまのことを一生懸命勉強して、仲間たちにいろいろ教えてくれていました。

ところが、このごろ、アンナスが言い出したのです。「ユリウスの話は同じことの繰り返しじゃないか。結局ユリウスは神さまのことなんか分かっていないんだ。わたしなら、神さまについて、ユリウスの知らないことも知っている。」そうして新しいことを教え始めました。

すると、ユリウスが怒ってしまいました。「アンナスは、神さまのことを知っているなんて言っているが、自分で考えた余計なことを話しているだけだ。アンナスの話なんか聞いてはいけない。」

ユリウスに味方する者もいれば、アンナスといっしょになってユリウスに言い返す人もいます。どっちが本当なのか分からなくて黙ってしまっている人もいます。顔を合わせれば言い合いになりそうで、みんなで集まることも辛いのです。仲間たちはバラバラです。

ヨハネ先生、神さまのことを教えてください。神さまについて、どっちの言っていることが正しいのでしょうか。

＊　＊　＊

なんどもなんども手紙を読んで、ヨハネは、大きくため息をつきました。やがて、ペンをとり、返事の手紙を書き始めました。長い長い手紙です。その中に、こんなふうに書いてありました。

「愛されている仲間のみなさん、お互いをだいじに、愛し合いましょう。

そうやって人を愛する人こそが、神さまを知っているのです。もし、愛することをしないなら、神さまを知っているとは言えません。だって、神さまは、愛なのですから。イエスさまを遣わしてくださったほど、わたしたちを愛してくださった方なのですから。

神さまがわたしたちを愛してくださったのだから、わたしたちも愛し合うのです。これまで神さまを見た人はだれもいないけれど、わたしたちが愛し合うなら、神さまがそこにいてくださいます。」

ヨハネからの手紙を読んで、ユリウスやアンナスは、どっちの方が神さまを知っているか、言い合うことをやめて、お互いを大事にするようになったでしょうか。仲間たちも、またいっしょに喜んで集まるようになったでしょうか。そうやって、愛し合う仲間になっていったでしょうか。

きっとそうだったに違いありません。仲間たちは、ヨハネからの返事の手紙を大事にとっておいて、なんどもなんども読み返し、それをまたほかの人たちにも伝えていったのですから。

愛は神さまから

文／久世そらち

聖書は新共同訳／《 》は聖書協会共同訳

聖書箇所

ヨハネの手紙 一　4章16節～21節

暗唱聖句

神がまずわたしたちを愛してくださった

《神がまず私たちを愛してくださった》

（ヨハネの手紙 一　4章19節）

聖書解説

　前々ページ「愛されるわたしたち」（ヨハネの手紙一　4・7～12）の解説にも記しましたが、この手紙が書かれたのは、当時の教会の中に「互いに愛し合う」ことからはほど遠い現実があったからと考えられます。だからこそ、この手紙はくりかえし「兄弟を愛する」ことを訴えています（2・10、3・16、そして4・7～12など）。「兄弟」とは、キリストを信じる仲間、つまり教会の仲間のことです。同じく教会につながる仲間たちこそ、互いに愛し合おうではないか、いやそれこそが何より大事なことなのだ、というのです。

　「愛する」とは、どういうことでしょうか。わたしたちの普段の言葉遣いでは、「愛する」とは、ほとんど「大好き」という意味で使われますね。「愛する」とは、主観的な感情の事柄と思われています。けれども、聖書の「愛する」という言葉は、もう少し客観的です。昔、キリスト教をはじめて日本に伝えたカトリックの宣教師たちは、聖書の「愛」を「ご大切」と訳したそうです。聖書でいう「愛する」とは、「大切にする」「大事にする」というふるまいに重点をおいているのです。もちろん、そこに「大好き」という温かい感情が伴ってくるのは自然なことです。しかし、「好き」という感情に先立って「大事にする」ふるまいを心がけることが「愛する」ということになるのです。

　この手紙は、「兄弟を愛する、大事にする」ふるまいが、まず神がイエス・キリストによってわたしたちを大事にしてくださったことに基づいていることを教えています（3・16参照）。そして、神がそれぞれを大事にしてくださっているからには、わたしたちも互いに大事にし合うのが当然であると促します（4・19以下）。あなたがたはそれぞれにキリストを信じているではないか、自分がキリストによって命を与えられ神に大事にされていると信じているではないか、それなら、神が大事にしているあの「兄弟」を、あなたも大事にするのが当然ではないか、と訴えているのです。

　わたしたちは、愛されることによって初めて愛することを知るのです。たとえ人からの愛を受けることには乏しかったとしても、変わらない神の愛を身をもって知ることができたなら、いつか豊かに愛する人へと導かれていくことでしょう。

お話の例

160年ほど昔、フランスの作家ユーゴーが『レ・ミゼラブル』という小説を書きました。今でも世界中で読まれ、ミュージカルや映画にもなっています。長い長いお話ですが、こんなふうに始まっていきます。

＊　＊　＊

主人公ジャン・バルジャンは、とても貧しい暮らしでした。一緒に住んでいた姉の子どもたちのためにパンをひとつ盗んで牢屋にいれられてしまいます。そこから何度も逃げ出しては、その度にまた重い罰を受け、ようやく牢屋を出られたのは19年も後でした。あまりにひどいめにあってきたために、もう人を信じることができず、憎しみと怒りばかりの暗く冷たい心になってしまっていました。

牢屋を出ても行き場のないジャン・バルジャンは、たまたまある町の教会の神父、ミリエル司教の館にたどりつきます。みすぼらしい身なりで、けわしい顔をしているジャン・バルジャンを、見ず知らずのミリエル司教は温かく迎えいれてくれました。そして晩の食事を共にし、きれいな部屋に泊めてくれました。けれども、人の優しさを信じることができないジャン・バルジャンは、その夜、ミリエル司教が大事にしていた銀の食器を盗んで逃げ出してしまったのです。

すぐにジャン・バルジャンは警官につかまってミリエル司教のもとに連れてこられます。ところが、ミリエル司教はにこにことジャン・バルジャンを迎え、食器を盗んだことを咎めるどころか、「この銀の燭台もあげたのに、もっていくのを忘れてますよ」と二本の燭台も渡したのです。警官たちはジャン・バルジャンを自由にするしかありませんでした。

ミリエル司教のふるまいは、本当の愛の心によるものでした。それが分かったとき、ジャン・バルジャンは、憎しみと怒りの心を捨て、まわりの人を愛する人になろうと心を決めるのです。

『レ・ミゼラブル』のお話はこれからが本番になっていきます。この後、ジャン・バルジャンは、さまざまな困難や、辛いできごと、悪い人たちに苦しめられながらも、ミリエル司教に導かれた愛を成し遂げていくのです。

＊　＊　＊

人は、そのままでは、誰かを愛することができないままかもしれません。でも、本当の愛に触れ、それが心から分かったとき、自分もまたまわりの人を愛するようになるのです。

まわりの人を愛する人へとジャン・バルジャンを変えたのは、ミリエル司教の愛でした。では、ミリエル司教の愛は、どこからきたのでしょう。きっとミリエル司教もまた、誰かの愛に触れてきたのでしょう。それは、ずっとたどっていくと、イエスさまの愛、神さまの愛にたどりつきます。わたしたちが愛するのは、神がまずわたしたちを愛してくださったからです。神さまが愛してくださっているのですから、わたしたちも愛するのです。

豆知識

〈「愛」という語〉

新約聖書はギリシア語で書かれましたが、ギリシア語で「愛」を表す単語はいくつかあります。「エロース」という単語は、美しいものや魅力的なものに心ひかれる愛情を表し、男女間の愛情・性愛なども含みます。英語の「エロティック」などの語もここからきています。

それとは別に「フィリア」という単語もあります。友情・友愛などを表します。「フィラデルフィア（兄弟愛）」「フィロソフィー（知恵を愛する＝哲学）」などの語の一部になっています。

そして、神の愛には「アガペー」という語が用いられます。神が人間を愛する愛だけでなく、神に愛されたものとして隣人を愛する愛が「アガペー」で表されます。

神さまの力

文／久世そらち

聖書は新共同訳／《》は聖書協会共同訳

聖書箇所

コリントの信徒への手紙一　3章1節～9節

暗唱聖句

成長させてくださったのは神です。

《成長させてくださったのは神です。》

（コリントの信徒への手紙一　3章6節）

聖書解説

コリントはギリシアの港町で、大都会として繁栄していました。使徒パウロによってこの町に教会ができた経緯は、使徒言行録18章に記されています。

パウロは、同業者のアキラとその妻プリスキラの協力を得て、1年半の間コリントで活動しました。パウロがコリントを離れた後、プリスキラとアキラはアポロという有能な伝道者を見出し、コリントの教会に紹介しました。アポロの働きで、教会は一層発展していったようです。

ところが、大きな集団に成長したコリントの教会では、やがて信徒たちの関係がぎくしゃくし始めます。そこにはいろんな問題が絡んでいたようですが、信徒たちが幾つかのグループ、派閥に分れて争うような状態になってしまったのです。

そういうグループは、それぞれ「わたしはパウロにつく」「わたしはアポロに」などと、これまでコリント教会にかかわった指導者たちの名前を掲げて張り合いましたが、それは当のパウロやアポロにはまったく関係ないことでした。パウロやアポロは対立し合っていたわけではなく、むしろ「同労者」として互いをリスペクトしていたでしょう。

こうした状況を知ったパウロは、長文の手紙を何度も書き送り、信徒たちの考え違いを教え諭しました。それらが今、新約聖書のコリントの信徒への手紙一、二として伝えられているのです。

コリントの信徒への手紙一 1章10節以下からは、信徒のグループが争い合っているようすがうかがえます。こうした状況を、3章でパウロは厳しく戒めます。

「あなたがたは、わたしパウロやアポロの名前を持ち出して、自分たちの方が信仰的に優れていると主張しているようだが、そうやって争うこと自体、信仰者にふさわしくないふるまいだ。コリントで最初に伝道したわたしも、その後で教会を指導したアポロも、主から与えられたそれぞれの役割を果たしただけだ。本当にコリント教会を成長させてくださったのは、神さまにほかならない」と諭したのです。

「わたしは植え、アポロは水を注いだ。しかし、成長させてくださったのは神です」という6節の聖句は、当時のコリント教会のことだけでなく、人にかかわる働きを考える際の大切なわきまえとして、しっかり心に留めておきたい言葉です。教会の牧師はもちろん、保育士や教師、医師や看護師などとしての働きにおいて、さらには友人のために労を担う際にも、「自分や他の人たちがこの人のためにどんなに力を注いだとしても、本当にこの人を守り育て、導くのは神さまなのだ」ということを忘れてはならないのです。

お話の例

ある日の帰り道、よっちゃんは、道端に箱を見つけました。がさっと何か動いたようです。中をのぞくと、小さな子猫がいました。あんまりかわいい目をしているので、思わず抱っこしてみました。子猫は小さな声で「ニャー」と鳴きました。もう、かわいくて、離すことができません。そのまま家に連れて帰ってしまいました。

このままこの子猫を飼いたいというよっちゃんに、お母さんが言いました。

「毎日ちゃんと世話をして、大きくなってもきちんと面倒をみて、大事にするのよ。」

よっちゃんは大喜びして、お兄ちゃんやお姉ちゃんに子猫を見せびらかしました。

「これはよっちゃんの猫だよ。『コリン』っていうんだ。」

2人ともちょっと羨ましそうです。

よっちゃんは、お母さんに手伝ってもらって、子猫のコリンにえさをやり、ミルクを飲ませました。もう、コリンのしぐさがかわいくてたまりません。

でも、何日かたって、コリンに慣れてくると、よっちゃんはときどきコリンの世話を忘れてしまうことがありました。よっちゃんがコリンのごはんの世話を忘れた時、お姉ちゃんがお母さんに言って、ちゃんと食べ物や飲み物を用意してくれました。そのうち、いつの間にか、コリンのごはんは毎日お姉ちゃんが用意するようになってしまいました。

コリンが大きくなってきたら、家の中でおしっこやうんちをする場所を作って、そこでするよう教えていかなくてはなりません。コリンが失敗したら、また何度もくりかえし教え、そして、汚したところはきれいに掃除しなければなりません。よっちゃんにはとてもそんな面倒なことはできません。辛抱強くコリンにいろいろ教えてくれたのは、お兄ちゃんでした。

コリンはどんどん大きくなって、元気に遊びまわるようになりました。よっちゃんだけでなく、お姉ちゃんもお兄ちゃんも、コリンと遊ぶのが大好きです。

ある日、コリンと遊んでいたよっちゃんが言い出しました。

「コリンはよっちゃんが連れてきたんだから、よっちゃんの猫だよ。お姉ちゃんやお兄ちゃんはコリンと遊ばないで！」

お姉ちゃんが言いかえしました。

「なによ、毎日コリンにごはんをあげてるのはお姉ちゃんでしょ。コリンはお姉ちゃんが育てた、お姉ちゃんの猫よ。」

するとお兄ちゃんも、「コリンをしつけたのはぼくだよ。コリンは、ぼくのことをご主人と思ってるよ。」

3人でわあわあケンカになりそうです。

するとお母さんが言いました。

「コリンは、よっちゃんが連れてきて、お姉ちゃんがごはんの世話をして、お兄ちゃんが一生懸命教えてくれたけど、コリンの命って、誰のもの？　コリンを元気に大きく育ててくれたのは、神さまなのよ。コリンは誰のものでもないわ。うちの家族でしょ。」

そうなんだ、コリンは、神さまが育てた命で、うちの家族なんだ……。

よっちゃんたちは、そのことをしっかり心に刻んだのでした。

豆知識

〈職人パウロ〉パウロはコリントの町で「テント造り」として働きました（使徒言行録18・3）。使徒パウロは、テント造り職人だったのです。当時、ローマ帝国の発展によって人の行き来がさかんになり、商業や軍隊でたくさんのテントが必要となっていました。当時のテントは皮を縫い合わせたもので、テント造りは楽な仕事ではありませんでした。けれども、皮を断つ小刀や縫い合わせる針などひと包みの道具さえあれば、どこに行っても稼ぐことができる職業でもありました。パウロは、テント造りの道具を背負い、行く先々の町で仕事をしながら、同業者やお客を相手にイエス・キリストの福音を語りかけていたのでしょう。

光の子

文／久世そらち

聖書は新共同訳／《》は聖書協会共同訳

聖書箇所

エフェソの信徒への手紙 5章6節〜8節

暗唱聖句

光の子として歩みなさい。

《光の子として歩みなさい。》

（エフェソの信徒への手紙 5章8節）

聖書解説

『エフェソの信徒への手紙』は、「キリスト教の信徒になるとはどういうことか」を教える手紙です。

この手紙の前半では、「キリストに結ばれたあなたがたは教会を形づくるのだ」ということが説かれています。そして後半では、信徒の個人的な生活にかかわる教えが述べられていくのですが、そこでは「生き方が変わる」ことがくりかえし強調されています。

「もはや、異邦人と同じように歩んではなりません」（4・17）「古い人を脱ぎ捨て、心の底から新たにされて、神にかたどって造られた新しい人を身に着け、真理に基づいた正しく清い生活を送るようにしなければなりません」（4・22〜24）「神に倣う者となりなさい」（5・1）等々、キリストを信じる者として、これまでとは違う生き方にむかうことが促されるのですが、そうした言葉の一つとして、「あなたがたは、以前には暗闇でしたが、今は主に結ばれて、光となっています。光の子として歩みなさい」（8節）と記されています。

ここで、すでに起こったこととして「光となっています」と言い切る一方、これからのこととして「光の子として歩みなさい」と促されています。これはどういうことでしょうか。

「光」とは、続く9節によれば「あらゆる善意と正義と真実」をもたらすもの、という意味でしょう。ここで「善意」と訳されている語は、むしろもっと広く「善いこと」という意味にとることができます。ですから「あなたがたは……主に結ばれて、光となっています」（8節）とは、主イエス・キリストに結ばれた信徒たちは、あらゆる善いことや正しさ、真実をもたらすもとになる新しい生き方を与えられたのだ、ということです。それは、信徒たちを、これからの新しい人生にむかわせる、励ましの言葉です。

そして、自分はもはやキリストによって、新しい生き方を与えられたのだ、わたしたちは、善いことをもたらすものとして生きるのだ、という自覚をもって日々の生活を歩むこと、それが「光の子として歩みなさい」という促しです。

イエス・キリストは、そんなふうに人の生き方、人生を変えていくのです。キリストを信頼して自分の人生をゆだねる生き方こそが「光の子として歩む」ということなのです。

お話の登場人物「とおるくん」は、ある先輩牧師がモデルです。イエス・キリストに出会って暗闇から「光」に導かれ、多くの人々に「善いこと、真理、正義」を届けた生涯を思い起こしました。

お話の例

とおるくんという男の子がいました。今から何十年も前のことです。とおるくんは、いなかの町で元気に育ち、中学を出ると大きな町の高校に通うようになりました。学校は楽しくて、友だちと一緒にのびのびとすごしていました。

身体も丈夫で勉強もできるとおるくんは、高校生になった頃には、自分は何でもできるような気がしていました。これからおとなになっていくとき、自分の力でがんばれば何にでもなれると思っていました。自分の前には、広い道が開けていると考えていたのです。

ところが、高校生活も終わりに近づき、いよいよ本当に自分の道を選んで行かなければならなくなったとき、とおるくんは立ち止まってしまいました。

「自分は何でもできる力がある、がんばれば何にでもなれる、いろんな道を選ぶことができると思ってきたけれど、でも、本当に僕がやりたいことって何だろう。僕はいったいどんな人になればいいんだろうか。」

悩み始めたとおるくんは、自分の道をなかなか見つけることができません。そうしているうちに卒業のときが近づいてきます。友だちはみんな、さっさと自分の進む道を決めていきました。たいていは大学に行くことを選び、遠くの大学の試験を受け、合格していきました。気が付いたら、とおるくんだけが行く道も決まらずに家に残ってしまっていました。

高校の卒業式の後、友だちはみんな遠くに行ってしまって、とおるくんは一人ぼっちになってしまいました。あんなに元気で、頭も良いと言われていたのに、自分だけ何もできずに取り残されてしまったのです。とおるくんは、これからどうしたらいいか分かりません。もう、目の前は真っ暗です。何もやる気になれず、自分にはもう未来はないんだと思いました。何もできない自分に腹が立ち、生きていてもしかたがないと考え、もう死んでしまおうとさえ思ってしまっていたのです。

そんなとき、出会ったある人が、とおるくんを教会に誘ってくれました。とおるくんを見て「この人は死んだ顔をしている」と心配し、自分の通っている教会に連れて行ったのです。

とおるくんは、はじめは「教会なんて」といやいやでしたが、そこで聖書の中のイエスさまのことを聞いて、なんだか心が引きつけられるのを感じました。教会に行くのが楽しみになり、もっともっとイエスさまを知りたくなったとおるくんは、イエスさまを信じることに決めて洗礼を受けました。そしてとうとう、イエスさまにずっとついていこうと心を決め、牧師になろうと決心しました。イエスさまに出会ってから一年もしないうちのことでした。

「真っ暗だったわたしは、イエスさまのおかげで生きるようになりました。」

あちこちの町の教会で、力強くお話しするとおるさんの話をきいて、たくさんの人たちが励まされるようになりました。真っ暗だったとおるくんは、イエスさまの光をとどける人になったのです。

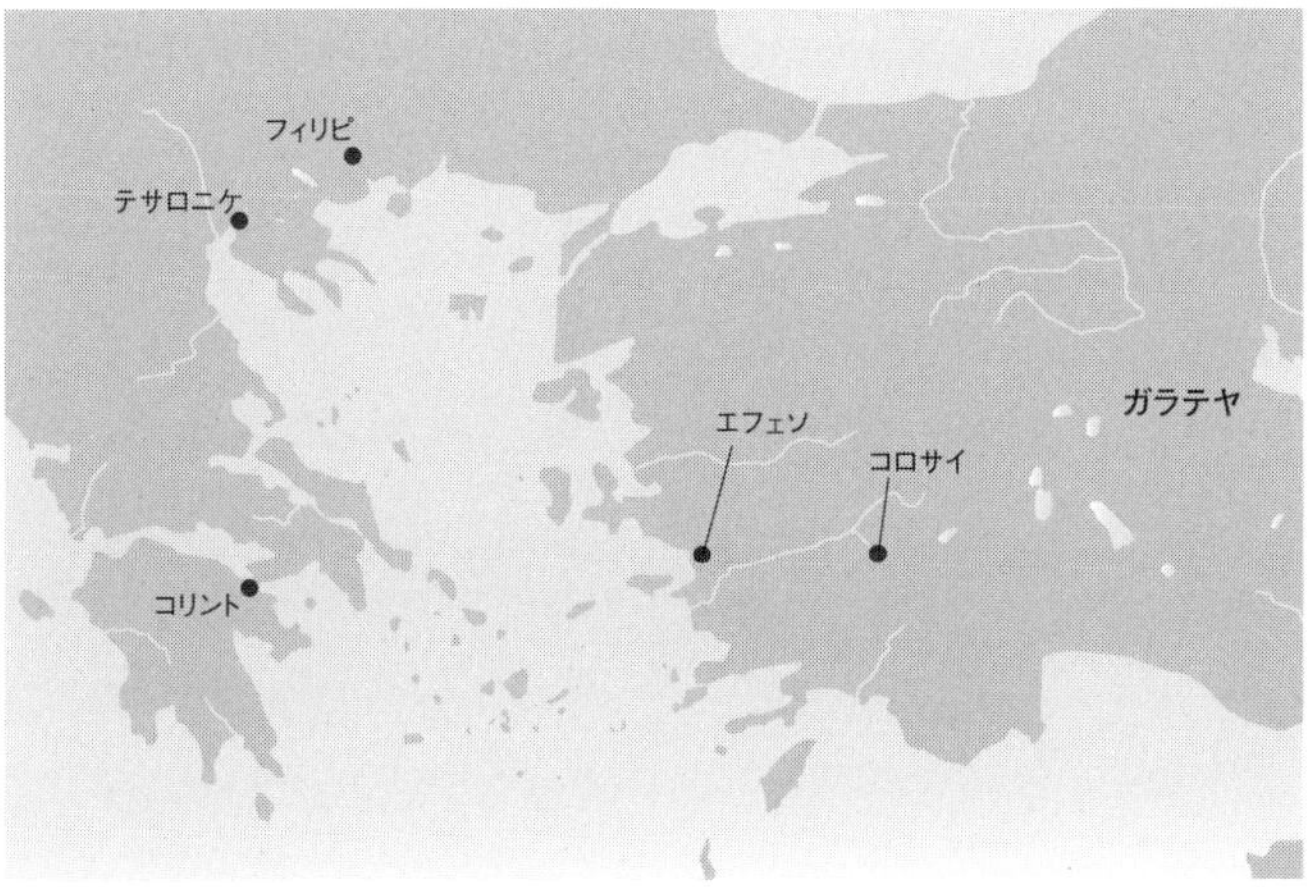

↑パウロが手紙を送った場所
『パノラマバイブル』© 日本聖書協会より一部加工

お母さんが教えてくれたこと

文／小林 光

聖書は新共同訳／《 》は聖書協会共同訳

聖書箇所

エフェソの信徒への手紙 6章1節～4節

暗唱聖句

父と母を敬いなさい。

《父と母を敬いなさい。》

（エフェソの信徒への手紙 6章2節）

聖書解説

1 教理と倫理

エフェソの信徒への手紙は、1章～3章までが「教理」（信仰の事柄）が記され、4章～6章までが「倫理」（キリスト信者の生き方）が記されています。一般の倫理、道徳ではなく、「教理」に基づいた、イエス・キリストの十字架の愛と赦しが先にあり、その恵みを受けた者として、それに応える（主の恵みへの応答）ことがキリスト信者の生き方であり「倫理」です。

2 家庭訓

5章21節からは、「家庭訓」が記されます。夫婦、親子、主人と奴隷という、あくまでも「当時」の家庭の中でのキリスト信者としての生き方が記されています。どうして家庭なのかと言えば、それがわたしたちの生活の基本、土台、中心となるからです。「全人類を愛するよりも、最も近くにいる人を愛する方が難しい」と言われます。自分にとって、最も近くにいる人を愛することが伝道です。

3 主に結ばれている者として

「主に結ばれている者として」ということの言葉がキリスト教倫理の要です。「主に結ばれている者」とは、教会に連ならせていただいた者。洗礼の恵みを受けた者。キリストの十字架によって罪を贖《あがな》っていただいたことを信じる者。神さまに愛されている者です。そのような者として両親に従うとは、仕方なく服従するのではなく、積極的に愛しなさい、という意味です。愛せない者に、主は十字架の愛を、赦しの愛を与えてくださいました。

4 父と母を敬いなさい

十戒《じっかい》の中の第5戒《かい》の御言葉です。十戒は、第1戒～第4戒までが神さまと人との関係が記され、第5戒～第10戒までが人と人との関係が記されています。

「約束を伴う最初の掟です」（2節）という御言葉の「最初」とは、人と人との最初の掟という意味であり、「約束」とは、父母を敬うならば「『あなたは幸福になり、地上で長く生きることができる』という約束です。」（3節）なぜならば、親を敬う子の姿を、その子どもが見ていて、自分も同じように親に対して接するようになるからです。「子は親の鏡」と言いますが、親がしていることを、してきたことを子どもは良く見ていて、覚えていて、自分がおとなになった時に同じようにするのです。子は親の背中を見て育ちます。その「背中」とは親の信仰と愛です。

「親」という漢字には「見」が付いています。それは、親が子を「見守る」という意味もありますが、子は親を「見て育つ」という意味もあるのではないでしょうか。

お話の例

今日は「母の日」です。そこで、家族自慢をしてみましょう。わたしの「お母さん自慢」をしますね。

わたしのお母さんには、とってもステキなところが3つあります。1つは、「物を大切にする」ところです。みなさんは、お菓子の缶のフタに、ぐるっとテープが巻いてあるのを見たことがあるでしょう。フタが外れないように長いテープで留めてあるのです。みなさんなら、お菓子の缶のフタを開けたあと、そのテープをどうしますか。ほとんどの人はテープをゴミ箱に捨てると思います。ところが、わたしのお母さんは、そのテープを取っておいて、冷蔵庫の端につけておき、何かを留める時に、短く切って使うのです。久しぶりに家に帰った時も、同じように冷蔵庫にテープが貼り付けてあったのでびっくりしました。戦争を経験して、物がない時代を生きて来たわたしのお母さんは、「物を大切にする」人でした。使えるものは捨てずに使うという、今、一番大切なことを教えてくれたのです。

お母さん自慢の2つ目は、「子どもを信じる人」でした。ある時、高校生の弟が夜遅くなっても家に帰って来ない時がありました。夜の11時を過ぎても帰って来ません。みんな心配しました。わたしもお父さんも、「今日は、もう帰っては来ないね」と諦めていました。でもその時にお母さんは言いました。「必ず、帰って来ます」と。しばらくして、その言葉通り、弟は夜遅くに家に帰って来ました。お母さんってスゴイなと、思いました。わたしたち2人の子どもを信じて、育ててくれたのです。

最後は、お母さん自慢の3つ目です。わたしのお母さんは、「神さまに祈る人」でした。わたしが小学生の時、クラスのある子にいじめられました。席から立ち上がろうとすると後ろに回って、わたしの頭の上にゲンコツを置いているのです。立ち上がったわたしはそのゲンコツに頭をぶつけて痛い思いをしました。「やめろよ」と言っても、「ハハハ」と笑って行ってしまいます。教室の掃除をしている時も、せっかくわたしが集めてゴミ箱に入れた紙クズを、ゴミ箱をひっくり返して教室に散らかすのです。わたしは悔しくて、悔しくて、もう頭にきて、心の中は憎しみでいっぱいになりました。

そのことをお母さんに話すと、夜、寝る前に、「神さまにお祈りしましょう」というのです。わたしは「嫌だ」と言いました。するとお母さんは、「あなたが嫌なら、お母さんがお祈りします」といって、祈り始めたのです。「神さま、その子がしたことを赦してあげてください。その子はお友だちがいなくて寂しいのかもしれません。その子と仲良くなれるように、神さま、どうか助けてください。イエスさまのお名前によってお祈りいたします。アーメン。」それを聞いてわたしは心の中で、「あんな子と仲良しになんかなれるものか」とつぶやきました。

ところがです。それからいじめられなくなりました。そしてお母さんが言った通り、その子には友だちがいないことが分かりました。どんな時にも神さまにお祈りすることをお母さんはわたしに教えてくれたのです。お母さん、ありがとう！　そして、お母さんや大切な家族やお友だちを与えてくださった神さま、本当にありがとうございます。

豆知識

「母の日」は、1908年5月に米国のアンナ・ジャービスという女性が、教会学校で長く教師をしていた母親が、「父と母を敬いなさい」と聖書の言葉を語っていたことを思い出し、母親が好きだったカーネーションを飾って教会で母親の追悼記念会を行ったことに由来します。

父の愛

文／小林 光

聖書は新共同訳／《 》は聖書協会共同訳

聖書箇所

箴言6章

暗唱聖句

わが子よ、父の戒めを守れ。／母の教えをおろそかにするな。

《子よ、父の戒めを守れ。／母の教えをおろそかにするな。》

（箴言6章20節）

聖書解説

1 父の諭しと格言集

6章1節～5節と20節～35節には「父の諭し」が記されています。その間の6節～19節には「格言集」として一般的な教訓が記されています。どうして「格言集」が割り込むようにして挿入されているのか不明ですが、原文のヘブライ語聖書には見出し（タイトル）は付いていませんので、5節の「かもしか」から「鳥」へ、6節の「蟻」へと自然界の生き物とのつながりで「格言集」が挿入されたのかもしれません。また、19節の「兄弟の間にいさかいを起こさせる者」との関連で、いさかいを起こさせないための「父の諭し」へと元に戻る形で展開されていると考えられます。

2 保証人になってはならない

「父の諭し」の前半の1節～5節までには、保証人になってはならないことが記されています。「手を打って誓い」（1節）とは、保証人になるしるしです。もしも保証人になってしまって損害を受ける場合には、何としても早いうちに契約を取り消すこと（3節）、眠っている場合ではなく（4節）、とにかく早く身を引くことが大切で、ぐずぐずしていては駄目だ（5節）と語ります。その関連から、「怠けるな」という格言へと移るのです。

3 怠けることへの叱責

「格言集」としての6節～15節には、怠けることへの叱責が記されています。怠けることは簡単だが、すぐに貧しさが襲ってくるというのです。16節の「六つある」や「七つある」という言葉はよく使われるいい方で、数のことではなく、複数あることの表現です。

4 遊女や人妻の誘惑に対する警告

「父の諭し」の後半の20節～35節までには、遊女や人妻の誘惑に対する警告が記されています。その冒頭に、「わが子よ、父の戒めを守れ。母の教えをおろそかにするな。それをいつもあなたの心に結びつけ／首に巻きつけよ。」（20～21節）とあります。「いつも……首に巻きつける」のは、わたしたちが忘れないようにするためです。ここでの諭しは、自分の家庭と相手の家庭を崩壊させないために、また自分と相手の人生を守るために語られています。そしてここでは、自分の判断や自分の意志よりも、父の「戒め」、母の「教え」として守るように命じているのです。なぜならば、「それはあなたの歩みを導き／あなたが横たわるとき見守り／目覚めればあなたに話しかける。」（22節）愛の諭しだからです。

お話の例

今日は「父の日」です。わたしには忘れられないお父さんの思い出が3つあります。それをみなさんにご紹介しますね。

1つ目は、わたしが小学校1年生の時でした。「運動会のかけっこで1番になったら、えんぴつ削り器を買ってあげよう」とお父さんに言われ、うれしくなって、その日からかけっこの練習を毎日しました。その頃、マラソンで有名な「裸足のマラソンランナー」アベベ選手がいましたから、学校でもズックを脱いで、裸足で走ることが流行っていました。わたしも裸足で走る練習をしました。お父さんはそれを見ていたと思います。運動会の日、わたしのお父さんもお母さんもお仕事が入り、かけっこを見に来ることができませんでした。わたしはがっかりして家に帰りました。すると、わたしの机の上に、えんぴつ削り器がきれいな箱に入っておいてあったのです。わたしはびっくりしました。そしてうれしくなりました。お父さんは運動会の前にえんぴつ削り器を買っておいてくれたのです。わたしが何番になるかよりも、毎日の練習を見ていてくれたのです。

2つ目は、わたしが中学生の時でした。お父さんと2人で電車に乗っていました。混んでいましたが2人ともすわることができました。ある駅で、何人か乗って来ました。その中の一人がわたしとお父さんの前にぶら下がっている吊革につかまって立っていました。若い人だったので、わたしは席を譲りませんでした。

ところがです。お父さんが、「さあ、どうぞここにおすわりなさい」と言って席を譲りました。わたしはびっくりしてしまいました。「どうして自分よりも若い人に席を譲るのだろう」と不思議に思いました。その人は、「ありがとうございます。助かります」といって、わたしの横にすわりました。そして次の次の駅でお礼を言って降りて行きました。わたしはお父さんに、「どうして席を譲ったの」と訊きました。するとお父さんは、「あの人は両手で吊革につかまって、自分の体を支えていただろう。きっと長く立ってはいられないと思ったのさ」と答えました。お父さんは人をよく見て、相手のことを自分のことのように考える人だなと、その時に思いました。

3つ目は、わたしが大学生の時です。ある駅でお父さんと待ち合わせをしました。わたしはのんびりしていて、約束の待ち合わせの時間に随分、遅れてしまいました。今のように携帯電話が無い時代です。連絡のしようがありません。わたしが待ち合わせの場所に遅れて着くと、お父さんはひと言、「親を待たせるな」とわたしを叱りつけました。その時は軽く、「ごめん、ごめん」と言って謝りましたが、わたし自身が親になった時、お父さんのあの時の気持ちがよく分かりました。「親を待たせるな」とは、親に心配をかけさせるなという意味だったのです。わたしが着くのを待っている間、お父さんは色々なことを考えたと思います。そのような時は、良いことよりも悪いことが頭をよぎります。何か事故があったのではないか、急に体調を崩したのではないかと、不安な気持ちでいっぱいになるのです。「親を待たせるな」とは「親はそれだけ子どものことをいつも気にかけているのだ。そのことを忘れるなよ」という愛の言葉だったのです。神さま、お父さんを与えてくださってありがとうございます！　お父さんや家族の中で、わたしを育ててくださって本当にありがとうございます。

豆知識

「父の日」の由来は、1908年に米国のクレイトンという男性が、父親を記念する礼拝を教会でしてもらったことです。その後、ドットという男性も父親を記念する礼拝をしてもらいました。

主の祈り

文／小林 光

聖書は新共同訳／《 》は聖書協会共同訳

聖書箇所

マタイによる福音書 6章9節〜 15節

暗唱聖句

天におられるわたしたちの父よ、／御名が崇められますように。

《天におられる私たちの父よ／御名が聖とされますように。》

（マタイによる福音書 6章9節）

聖書解説

1 主の祈りとは

「主の祈り」は、マタイによる福音書（6・9〜15）とルカによる福音書（11・2〜4）に記されています。マタイによる福音書の方は文脈から、他人に聞かせ、自分を立派に見せようとする偽善（ええかっこしい）的な祈りではなく、神さまにだけむかって祈る祈りの本質を主イエスが教えてくださる中で語られたものです。わたしたちのことをすべてご存知である神さまにむかって祈る祈りを主イエスは、「こう祈りなさい」といって教えてくださいました。それが「主の祈り」です。主の祈りは、主イエスが教えてくださった祈りであり、きっと主イエスが何度も弟子たちと共に祈られた祈りであり、今も主イエスが共に祈ってくださるからこそ、祈ることができる祈りです。わたしたちは「ええかっこしい」の誘惑に心が傾く時、あるいは何を祈れば良いのか分からなくなった時、主の祈りを、心を込めて祈りましょう。

2 主の祈りの意味

マタイによる福音書に記された言葉は、わたしたちが祈る「主の祈り」の原型です。その意味を分かりやすく、簡潔に記します。

「天におられる」（9節）とは、宇宙のことではなく、私たちの手中には収まらない神さまのこと。

「わたしたちの父よ」（9節）とは、御子イエスの父であり、世界のみんなの神さまへの呼びかけ。

「御名が崇められますように。」（9節）とは、神さまをいつも礼拝できますように、との願い。

「御国が来ますように。」（10節）とは、神さまが「取り仕切って」くださいますように、との願い。

「御心が行われますように、／天におけるように地の上にも。」（10節）とは、神さまの愛が地上にも。

「わたしたちに必要な糧を今日与えてください。」（11節）とは、生きるための食物と御言葉のこと。

「わたしたちの負い目を赦してください、／わたしたちも自分に負い目のある人を／赦しましたように。」（12節）とは、主イエスの十字架によって罪を赦された者として、他者を赦すこと。

「わたしたちを誘惑に遭わせず、／悪い者から救ってください。」（13節）とは、悪魔の誘惑に打ち勝たれた主イエスによって、私たちも誘惑に負けず、悪魔から救ってください、との願い。

3 特に「赦し」に関して

14節と15節には「赦し」のことが特記されています。それは、「赦しましたように。」（12節）と祈る困難さを示しています。主の祈りは、主イエスの十字架の愛と赦しが行間に込められています。十字架の主イエスが一緒に祈ってくださるから、祈ることができる祈りです。

お話の例

　ある日、主祈子《ゆきこ》ちゃんが教会の庭で遊んでいると、教会のお部屋の中から歌が聞こえてきました。「♪〜しゅわれをあいす〜♫」主祈子ちゃんは、「わたし、この歌、知っている」とうれしくなって、そのお部屋に近づいて行きました。

　すると、その歌が終わって、今度はおとなの人たちがみんなで何か話しています。そして最後に、「アーメン」と声をそろえて言ったので、主祈子ちゃんは、「いったいなんだろう?」と、ちょっとドアを開けてみました。中から牧師先生が、「主祈子ちゃん、さあ、こっちにおいで」と呼びました。主祈子ちゃんは牧師先生に呼ばれたのでうれしくなって、お部屋の中に入って行きました。

　主祈子ちゃんは尋ねました。

「先生、今、何をしていたの。」

「賛美歌を歌って、お祈りをしていたんだよ。」

「お祈りって何。」

「神さまとお話しをすることだよ。」

「主祈子にもできる?」

「できるとも。『主の祈り』を教えてあげよう。」

「『主』って何。」

「イエスさまのことだよ。『主の祈り』は、イエスさまが教えてくださったお祈りだよ。」

「それなら、『主われを愛す』の主は、イエスさまのことなのね。」

「そうだよ、イエスさまがわたしたちみんなのことを『大好きだよ』って愛してくださっているんだ。もちろん、主祈子ちゃんのこともね。それじゃ、『主の祈り』を始めるよ。」

「どんなふうにお祈りするの?」

「最初は、神さまに呼びかけるんだ。『天におられるわたしたちの父よ』ってね。」

「えっ、主祈子のお父さんはお家にいるよ。」

「そうだね。主祈子ちゃんのお父さんはお家にいるけど、このお父さんは神さまのことなんだ。イエスさまは神さまのことを『お父さん』とお呼びになったんだ。だからわたしたちも『お父さん、父よ』って呼べるんだよ。」

「ならお父さんは2人いるの?」

「そう、主祈子ちゃんのお父さんと世界中みんなのお父さん、神さまがいらっしゃるんだよ。」

「わたし、お祈りしてみる。『天に……』こんなに小さい声じゃ、天まで届かないかな。」

「大丈夫だよ。神さまは、人間のお父さんのように手で触ることはできないけれど、いつでもどこにいても主祈子ちゃんのそばに、一緒にいてくださるんだよ。だから主祈子ちゃんの小さな声だって、ちゃんと聴いてくださるよ。」

「分かったわ。神さまにお祈りするね。『天におられるわたしたちの父よ、』次は?」

「今日はここまで。また今度、いらっしゃい。一緒に『主の祈り』を覚えて祈ろうね。」

「うん。先生、ありがとう。また教えてね。」

　主祈子ちゃんは喜んでお家に帰って行きました。そして今日のことをお家の人たちにお話ししました。

「今日、教会の先生から『主の祈り』を教えてもらったの。主祈子も少し、神さまとお話しができるようになったんだよ。」

「それは良かったわね。わたしたちにも教えてね。」

　そう言われて、主祈子ちゃんは「主の祈り」が大好きになりました。

活動のアイディア

　「主の祈り」は、字がまだ読めない幼子には難しくて長い祈りですが、メロディーを付けて歌ってみるのはいかがでしょうか。110〜111ページでオリジナル曲をご紹介しています。ぜひ、おもちいください。

　文語体の「主の祈り」の言葉を一切変えず曲がついています。

おまけのすずめ

文／小林 光

聖書は新共同訳／《 》は聖書協会共同訳

聖書箇所

ルカによる福音書 12章4節～7節

暗唱聖句

その一羽さえ、神がお忘れになるようなことはない。

《その一羽さえ、神の前で忘れられてはいない。》

(ルカによる福音書 12章6節)

聖書解説

1 マタイによる福音書とルカによる福音書の違い

「二羽の雀が一アサリオンで売られているではないか。だが、その一羽さえ、あなたがたの父のお許しがなければ、地に落ちることはない。」(マタイ10・29)

「五羽の雀が二アサリオンで売られているではないか。だが、その一羽さえ、神がお忘れになるようなことはない。」(ルカ12・6)

マタイによる福音書の方では、雀が2羽で1アサリオンです。しかしルカによる福音書では、雀が5羽で2アサリオンと記されています。この違いは、本来は4羽で2アサリオンのところ、1羽が「おまけ」として付いてきたので、5羽になったということでしょう。

2 値打ちのない1羽でさえ

昔、雀が食用として市場で売られていた時代がありました。今では考えられないことかもしれませんが、庶民の手に入りやすい貴重な食料のひとつだったようです。1アサリオンというのは、今日の値段で500円位ですから、1羽は250円です。安く売られていて、しかもおまけにされるような値打ちのない1羽でさえ、神さまはお忘れにならず、覚えていてくださいます。

3 おまけになる雀

わたしたちは雀を見た時にどれも同じように見えて、違いは全く分かりません。しかし商売人には雀の違いが分かるそうです。おまけにしてもいいような弱った雀を見分けるのです。毎日雀を売っている商売人はそれが売り物になるか、ならないか、瞬時に判別し、売り物にならない1羽を「おまけ」として付けていたわけです。わたしたちにはまったく分からないことですが、プロの目には体が弱って売り物にならない「おまけになる雀」が一目瞭然なのです。おまけを付けても損はしない商売の仕組みです。体が弱っている、値段も付かないおまけの1羽でさえ、神さまはお忘れにならず、覚えていてくださる、と主イエスは言われました。

4 おまけの雀とは

この御言葉を読むたびに、自分自身がまるでその「おまけの一羽」のような気がします。私たちは時々落ち込むことがあります。自分は何てダメな人間だ、と自己嫌悪に陥るのです。しかし、神さまはこの一羽の雀を見ていてくださる。十把一からげではなく、かけがえのない、大切な一人としてわたしたちのことを今日も見ていてくださると思うとうれしくなります。

お話の例

昔はすずめを屋台で売っていました。ちょうどお祭りの夜店で金魚を売っているようにね。

おじさんが板の上に鳥籠を置いて、中にいるすずめたちを指差しながら大きな声で言いました。「さあ、いらっしゃい。かわいいすずめだよ。安くするよ。そこの坊や、どうだい。」

通りかかった男の子はすずめがほしくなりました。だってあまりにもかわいい目をして、チュンチュンと鳴いているからです。お家に帰ってお小遣い40円を持って来て言いました。「おじさん、すずめ、ちょうだい。」

するとおじさんは、「さっきの坊やだね。1羽10円だから、40円なら4羽だよ。でも、おまけにもう1羽、全部で5羽あげよう。鳥籠もサービスだ。かわいがって育てておくれよ」と言って、男の子に渡してくれました。

男の子は鳥籠を大事に持って、大喜びで家に帰りました。あんまりうれしかったので、家に遊びに来た友だちにすずめを見せながら言いました。「本当は4羽だったんだけど、おじさんがおまけにもう1羽くれたんだ。」

するとその友だちが、「よかったね。でもおまけのすずめって、体が弱かったり、傷があったりして売れないから、ただでくれるんだよ」と言いました。それを聞いて男の子は急に心が悲しくなりました。

でもすぐに気を取り戻して、あの時のおじさんの言葉を思い出したのです。「かわいがって育てておくれよ。」

男の子は5羽のすずめを大切に育てました。特に体の弱そうな小さいすずめには、やさしくエサや水をあげました。今、すずめたちはみんな元気です。

神さまはおまけの1羽さえお忘れになるようなことはありません！

「一羽のすずめに」という歌がありますので、みなさんにご紹介します。

「一羽のすずめに」

作詞　C・D・マーチン

1 心くじけて　思い悩み
などて淋しく　空を仰ぐ
主イエスこそ　我が真《まこと》の友
一羽のすずめに　目を注ぎたもう
主は我さえも　支えたもうなり

※声高らかに　我は歌わん
一羽のすずめさえ
主は守りたもう

2 心静めて　御声聞けば
恐れは去りて　委《ゆだ》ぬるを得ん
ただ知らまほし　行く手の道
一羽のすずめに　目を注ぎたもう
主は我さえも　支えたもうなり

※（くりかえし）

出典／新聖歌285番（日本アライアンス・ミッション）

豆知識

聖書には、雀の他にもたくさんの鳥が登場します。以下はその一例です。

◆烏《からす》＝「四十日たって、ノアは自分が造った箱舟の窓を開き、烏を放した。」（創世記8・6～7）烏は神に用いられ預言者エリヤに食料を運びます。「数羽の烏が彼に、朝、パンと肉を、また夕べにも、パンと肉を運んで来た。」（列王記上17・6）

◆鳩＝「ノアは鳩を彼のもとから放して、地の面《おもて》から水がひいたかどうかを確かめようとした。」（創世記8・8）「山鳩《やまばと》一つがいか、家鳩《いえばと》の雛二羽をいけにえとして献げるためであった。」（ルカ2・24）

豆知識

◆はげ鷹《たか》＝「猛禽《もうきん》もその道を知らず／はげ鷹の目すら、それを見つけることはできない。」（ヨブ記28・7）

◆鷲《わし》＝「主に望みをおく人は新たな力を得《え》／鷲のように翼を張って上《のぼ》る。走っても弱ることなく、歩いても疲れない。」（イザヤ書40・31）

収穫感謝礼拝

文／小林 光

聖書は新共同訳／《 》は聖書協会共同訳

聖書箇所

申命記 26 章 1 節～ 11 節

暗唱聖句

わたしは、主が与えられた地の実りの初物を、今、ここに持って参りました。

《主よ、御覧ください。今、あなたが私に与えてくださった土地の実りの初物を持って参りました。》

（申命記 26 章 10 節）

聖書解説

1 申命記とは

創世記、出エジプト記、レビ記、民数記、申命記の五書が「モーセ五書」と呼ばれているもので、申命記はその最後の書にあたります。内容としては、出エジプトの出来事と荒れ野での40年の旅路を振り返り、そこにはどのような意味があったのか、神さまの御心は何であったのかを語りつつ、約束の地カナンに入る前に、神さまがイスラエルの民に望んでおられることをモーセが改めて「申」し「命」ずる形をとっています。

2 申命記 26章の内容

26章には、イスラエルの民が約束の地カナンに入り、そこに住む際に守るべきことが記されています。それは要約しますと次の5点です。①カナンは主なる神さまがイスラエルの民に与えてくださった土地であることを常に覚えること。②その土地の収穫物の初物を主に献げること。③その際に、主なる神さまの前で「信仰の告白」をすること。④収穫物は独り占めせずに弱い立場の人々と分かち合うこと。⑤これらのことに聞き従うならば、神さまはイスラエルの民をご自分の民、主の聖なる民、「宝の民」としてくださること。

3 申命記 26章のポイント

ここには「収穫感謝礼拝」をわたしたちが行う際の大切な意味が記されています。

第一に、収穫物は自然の恵みですが、その自然を造られた造り主なる神さまを忘れてはならないということです。土地も空気も太陽も雨もすべては神さまがわたしたちに与えてくださったものです。その神さまに感謝してお献げします。

第二に、収穫物は残り物や余り物ではなく、最初に収穫した「初物」を神さまに献げるということです。それは、自分たちが食する前に、先ず神さまに感謝の意を表すためです。

第三に、ただ献げるのではなく、その時に信仰の告白と共にお献げするということです。収穫感謝は神さまの「恵みへの応答」です。その応答こそが告白であり、自分たちもかつては滅びゆく民であったことを決して忘れずに、現在、弱い立場にある人々と収穫物を分かち合い、共に生きることです。イスラエルの民に対する神さまの恵みが次のように告白されています。「わたしの先祖は、滅びゆく一アラム人であり、わずかな人を伴ってエジプトに下り、そこに寄留しました。（中略）わたしたちをエジプトから導き出し、この所に導き入れて乳と蜜の流れるこの土地を与えられました。わたしは、主が与えられた地の実りの初物を、今、ここに持って参りました。」（5節～10節）

お話の例

戦争が終わって、日本の国が少し豊かになった頃のお話です。ある教会で収穫感謝の礼拝を子どもとおとなと、一緒におこなうことになりました。子どもたちもおとなの人たちもそれぞれ野菜や果物を持ってきて、礼拝堂の中のテーブルの上におきました。そこに、今日初めて教会に来た太郎君もいました。太郎君は教会の先生に言いました。

「先生、早くここにあるリンゴを食べようよ。とっても美味しそうなリンゴだよ。」

すると、先生は太郎君に優しく答えました。「そうだね。早く食べたいよね。でもまず神さまに、『ありがとう』って感謝の礼拝をみんなでしてからにしようね。」

太郎君は不思議そうに、「どうして神さまに感謝するの？」と聞きました。

先生は言いました。「このリンゴはね、教会の近くにあるリンゴ畑のおじさんたちが作った、もぎたてのリンゴだよ。おじさんたちが一生懸命に育てたんだね。でも土や空気や太陽や雨を降らせて育ててくださったのは神さまなんだ。それに、おじさんたちに働く元気な力を与えてくださったのも神さまだよ。だから、まず、神さまに感謝しようね。」

太郎君は、「神さまってすごいんだね」と言いました。そして、「分かった、ぼくも礼拝に入れて。礼拝してからリンゴを食べる！」と急に笑顔になりました。それから収穫感謝の礼拝が始まりました。太郎君は礼拝に出るのが初めてなのでドキドキです。でも、お友だちが賛美歌や聖書を開いてくれたので助かりました。そして先生がお祈りする時、太郎君はちょっとだけ目を開けました。おとなも子どもも目を閉じているので、さっと自分も目を閉じて先生のお祈りを聞きました。

「神さま、ありがとうございます。すべてのものは神さまが与えてくださったものです。この野菜や果物も、そしてわたしたちの命も。わたしたちを愛してこの教会を守ってくださった恵みに感謝して、この野菜と果物をお献げいたします。みんなで分け合っていただくことができますように。このお祈りをイエスさまのお名前によってお献げいたします。アーメン。」

太郎君もみんなにつられて「アーメン」と小さな声で言ってみました。礼拝が終り、いよいよ待ちに待った食事の時間です。教会の人たちやお友だちと一緒に太郎君はリンゴやカキをたくさん食べました。

すると先生が、「太郎君、教会の近くに、食べ物がなくて困っている人たちが住んでいるお家があるんだけど、そこに野菜と果物を届けに一緒に行かないかい」と誘いました。太郎君は、「どうして、野菜や果物を人にあげちゃうの？」と尋ねました。先生は戦争中の話をしてくれました。

「戦争中はね、食べ物が無くてみんな辛い思いをしていたんだよ。『配給』って言って、町の人たちに少しだけ食べ物が配られるんだけど、その当時、キリスト教は敵の国の宗教だと言って、教会には食べ物が配られなかったんだ。だからその時の牧師家族はお腹が空いて倒れそうになっていたんだよ。その時にね、近所に住む人が夜、こっそりと食べ物を分けに来てくれたんだ。そのおかげで牧師家族は生き延びて、教会も守られたんだ。神さまが助けてくださったんだ。だから今、そのことを忘れずに、わたしたちも困っている人たちに食べ物をお届けするんだよ。みんなで分けあって、一緒に生きるんだ。」

それを聞いて太郎君は、「ぼくも一緒に行く！」と元気な声で答えました。

豆知識

収穫感謝の起源は、1620年に英国のピューリタン（清教徒）と呼ばれた人々が信教の自由を求めてメイフラワー号という船に乗り、アメリカ大陸に到着したものの、食べ物が無く、先住民の人々に助けられてその地で生きられたことへの感謝です。

神さまが残してくれた歌

文／小林 光

聖書は新共同訳／《 》は聖書協会共同訳

聖書箇所

コリントの信徒への手紙一　13章４節～５節

暗唱聖句

愛は忍耐強い。愛は情け深い。ねたまない。愛は自慢せず、高ぶらない。

《愛は忍耐強い。愛は情け深い。妬まない。愛は自慢せず、高ぶらない。》

（コリントの信徒への手紙一　13章４節）

聖書解説

1　12章から13章へ

13章は12章からの続きです。そのことを意識するかのように12章31節の後半が13章1節に寄り添うように記されています。12章では教会がキリストの体であり、一人ひとりに聖霊による賜物が与えられていることが記されています。コリント教会を分裂の危機に向かわせたのは、賜物が乏しかったからではありません。むしろ一人ひとりが自分の賜物を誇り、他人の賜物を見下し、分派を作って争っていたことが原因でした。特に、信仰に熱狂的な人々が、受洗して間もない弱い信仰の人々に対して高圧的な態度をとり、見下していたのです。それ故に伝道者パウロは、キリストの体なる教会が一人ひとりの賜物によって形作られるためには何が必要なのかを伝えました。それは、12章31節で「大きな賜物」、「最高の道」と語ったものであり、13章において明らかになる「愛という賜物」、「愛という道」でした。

2　聖書の伝える「愛」とは

13章は「愛の賛歌」と呼ばれ、キリスト教の結婚式では良く読まれる箇所です。しかし、パウロがコリント教会の信徒たちに伝えた愛は、いわゆる男女の恋愛ではありません。愛には大きく分けて4種類あります。エロース（男女の愛）、ストルゲー（親子の愛）、フィリア（友情）、アガペー（神さまの愛）です。最後のアガペーがパウロの伝える愛です。それは価値なき者を愛し、自らを相手に与える愛です。そしてこの愛は、人に生まれつき備わっているものではなく、努力して手に入れることも、修行して得られるものでもありません。それは、大きな賜物として神さまから与えられる愛であり、キリストの十字架の愛です。

13章の「愛」という言葉を「キリスト」に置き換えて読むとそのことがよく分かります。また、「愛」という言葉を「わたし」に置き換えて読むと、自分の中にいかに「愛」が無いか分かります。

3　聖書の伝える「忍耐」とは

13章7節に、愛は「すべてを忍び、すべてを信じ、すべてを望み、すべてに耐える。」とあります。「忍」と「耐」の間に「信」と「望」が置かれています。すなわち、信・望・愛は「忍耐」と結びつき、愛とは、神さまを信じて望みを抱いて待つことです。それがキリスト者の「忍耐」です。ただ歯を食いしばって我慢するのではなく、信じて待つのです。

パウロはコリント教会の人々が分派を作って争うのではなく、主に愛された者として、その愛をもって仕え合うことを願い、祈り、信じて待ちました。

お話の例

昔、ボストンという町に、ピアポントという先生がいました。生徒たちはピアポント先生が大好きでした。でも、他の先生たちから、「ピアポント先生は生徒たちに優しすぎる」と叱られて、とうとう先生を辞めさせられてしまいました。先生を辞めさせられてもピアポントさんは神さまを信じて希望と愛を持ち続けました。

そこで、ピアポントさんは一生懸命に勉強して弁護士になりました。困っている人々を助けたかったからです。でも、貧しい人々を助けるためにお金をとらなかったので、仕事にならず、弁護士が続けられなくなりました。それでもピアポントさんは神さまを信じて希望と愛を持ち続けました。

次にピアポントさんは着物を売る仕事を始めました。でも、高い値段をつけることができずに、貧しい人にはタダであげたりしたので、店はつぶれてしまいました。この時もピアポントさんは神さまを信じて希望と愛を持ち続けました。

そこで、詩集を出すことにしました。本なら売れると思ったのですが、残念ながら全く売れませんでした。しかし、ピアポントさんは神さまを信じて希望と愛を持ち続けました。

ピアポントさんは、この町を少しでも住みよくしようと政治家を目指しました。でも、選挙で1回目、2回目も落選で、そのうち戦争が始まってしまいました。戦争中もピアポントさんは神さまを信じて希望と愛を持ち続けました。

ピアポントさんは神さまを信じていました。だから失敗しても、失敗しても、何度でも、何度でも、神さまが立ち上がらせてくださいました。そしてとうとう、聖書を勉強する学校、神学校に入って、牧師になりました。でも、その時はもう70歳を過ぎていましたので、十分な働きはできませんでした。

ピアポント先生が74歳の時です。日曜学校の子どもたちのために歌を作りました。それは子どももおとなも楽しめる、元気の出る歌でした。その歌の名前は、「ジングルベル」です。今では世界中の人々に愛されているクリスマスの歌です。小さい人々、弱い人々、貧しい人々のために生きたピアポントさんの一生を、人は「失敗」と呼んでも、神さまは喜ばれ、神さまがこの歌を残してくださいました。クリスマスに響くベルの音は、「どんな時も神さまを信じて希望と愛を持ち続けましょう!」とわたしたちに呼びかけています。

「ジングルベル、ジングルベル、鈴が鳴る〜♪」

豆知識

クリスマスによく歌われる「きよしこの夜」も神さまが残してくれた歌の一つです。

1818年のクリスマスに、オーストリアの小さな村の教会のヨーゼフ・モール先生が新しい歌を作って、子どももおとなも一緒に歌いたいと願っていました。モール先生が詩を作り、その村の小学校の音楽の先生で、教会のオルガニストでもあったフランツ・グルーバー先生がその詩に曲をつけました。いよいよ、新しい歌を発表して、みんなで歌う時が来ました。しかし、その時、教会のオルガンが故障して、音が出なくなったのです。急遽、グルーバー先生はオルガンの代わりにギターを弾いて、モール先生と一緒に歌いました。その歌は大好評でした。その後、オルガンを修理に来た人がたまたまこの歌の楽譜を見て気に入り、近くの村々に伝え、やがてその地方のみならず世界中に広まったのです。もし、あの時、オルガンが故障しなかったら…。

この歌も神さまが残してくださいました。

神殿での少年イエス

文／調みくに

聖書は新共同訳／《 》は聖書協会共同訳

聖書箇所

ルカによる福音書 2 章 41 節～ 52 節

暗唱聖句

わたしが自分の父の家にいるのは当たり前だということを、知らなかったのですか。

《私が自分の父の家にいるはずだということを、知らなかったのですか。》

（ルカによる福音書 2 章 49 節）

聖書解説

子どもたちにも、迷子の経験があると思います。聖書を子どもたちに語る時、子どもたちと共感できるような語りだしや、共通の体験などを話し、子どもたちを御言葉に引き込んで語りたいと思います。

過越の祭りには、エルサレム近郊の成人男性は出席しなければなりませんでした。イスラエルの民がエジプトから解放される時に、その国を襲った神の災いから逃れるため、それぞれの家の玄関の柱に「小羊」の血が塗られ、主の霊が過越《すぎこ》されるのを待ったのです（出エジプト12章）。今もイスラエルの人たちはこれを記念し、「過越の祭り」として祝っています。

ヨセフやマリアも毎年ナザレの町の人たちといっしょに、エルサレムへ過越の祭りを祝うために行っていたのでしょう。ユダヤの国では12歳になった男の子は成人とされていました。そして成人男性は、律法を守ることを義務化されていたようです。そこで、12歳になったイエスさまも過越の祭りに慣例に従って出席していました。人々はエルサレムで毎日神殿に行きました。過越の夜には、特別の食事をします。神さまが昔エジプトからイスラエルの人々を救い出したことを思い出すためです。エルサレム近郊に住む人々が大勢この過越の祭りに集まっているので、町中混雑していました。過越の祭りを終え、エルサレムから家に帰る途中で、ヨセフとマリアは少年イエスさまがいないことに気づきます。エルサレムを離れてだいぶ経っています。親戚や知人の中にイエスさまを見つけられず、捜し回りながらエルサレムまで引き返しました。その時の両親の気持ちを思うと胸が痛くなります。ですから三日の後に、イエスさまを神殿で見つけた時の両親の驚きやマリアの言葉は当然のことだったのです。

過越の祭りの期間には、神学上の問題について神殿で討論会が開かれていたようです。そこで、イエスさまは、教師の話を聞いたり質問をしたりしていました。イエスさまは、自分の父が誰であるかを知っていました。ですから、ヨセフとマリアにこう言います。「どうしてわたしを捜したのですか。わたしが自分の父の家にいるのは当たり前だということを、知らなかったのですか」と。この時、ヨセフやマリアは神さまから与えられた子どもの「来るべき時」がきたと気付いたのです。二人は以前イエスさまが生まれる前に神さまから与えられたお告げを忘れてはいませんでした（ルカ1章、マタイ1章）。そして、イエスさまが神さまの子どもであることを再確認していったのでしょう。しかし、両親はこれに気付きながらも、またナザレの町へ帰っていくのです。イエスさまも、ヨセフやマリアの存在を軽視せずに、エルサレムから家に帰り、30歳になるまで家族とともに過ごします。両親にとって、なにか寂しさを感じる事件でもあり、同時に神の時を感じたうれしい事件ともなったことでしょう。そして、52節にあるように、イエスさまはその成長過程で、ますます知恵が加わり、背丈も伸び、神さまと人から愛されていくのです。わたしたちも、子どもたちの成長をあたたかい目で見守っていきましょう。

お話の例

みんなは、迷子になったことがありますか？　迷子になったらさびしいよね。涙がでてしまいますね。でもね。迷子を捜している人も同じように、心配して悲しくなってしまいます。そして、一生懸命に迷子のお友だちのことを捜すのですよ。

さて、今日の聖書の中にも、迷子のお話があります。誰が迷子になったのでしょう。それはイエスさまです。イエスさまは12歳でした。エルサレムでは、過越の祭りが行なわれていました。過越の祭りは、昔、イスラエルの人々が、エジプトの国で奴隷として働かされ、苦しい思いをしていた頃、神さまがイスラエルの人々を助けられたことを覚えるために祝われていました。イエスさまもイエスさまのお父さんのヨセフ、お母さんのマリアもナザレの町の人たちといっしょに過越の祭りを祝うためにエルサレムへ長い道を旅して行きました。あちらこちらから人々が集まるので、このお祭りの時にはエルサレムは人でいっぱいになります。

エルサレムでは、何をするのでしょう？神殿に行って、お話を聞きます。夜には、特別なお食事もします。こうして、神さまが昔イスラエルの人々をエジプトから救い出してくださったことを思い出すのです。イエスさまもたくさんの人々がするように、神殿でお話をしたりしていました。

さて、お祭りも終わり、ヨセフとマリアは、ナザレの町に帰っていました。当然、イエスさまもいっしょだと思っていました。ところが、大変です。そばにいるはずのイエスさまの姿が見当たりません。「イエス、イエス、どこにいるの？」「おーい、イエス」、マリアとヨセフの声が聞こえます。

もうエルサレムを出発してからだいぶ経っています。「すみません。うちの子を知りませんか？」もうヨセフとマリアは、必死です。でもイエスさまは見つかりませんでした。ヨセフとマリアは、イエスさまの名前を呼びながら、今きた道を戻り始めました。そして捜し始めて三日後のことです。エルサレムの神殿に行きました。すると、イエスさまがちょこんとすわって、学者たちとお話をしていました。まわりの人たちはイエスさまの賢さにびっくりしていました。ヨセフとマリアはそれを見てびっくりしてしまいました。

お母さんのマリアさんが近寄ってイエスさまに言いました。「お父さんもお母さんも心配していたのですよ。どうしてこんなことをしたの？」ところがイエスさまは「どうして捜したの？　ここはわたしのお父さんの家です」と言いました。イエスさまは神殿が神さまの家であり、神さまがお父さんだと分かっていました。

ヨセフとマリアは、これを聞いてどう思ったのでしょうね。ヨセフとマリアは、イエスさまの言葉を聞いたとき、ハッとしました。イエスさまが神さまからあずかった大切な子どもだったことに気付いたのです。この後、イエスさまはナザレの町にお父さんお母さんと帰っていきました。そして30歳になるまで家族といっしょに過ごしました。

イエスさまが見つかってよかったね。イエスさまはこの後、ぐんぐん大きくなって神さまと人々から愛される人になっていきました。

バプテスマのヨハネとイエスさま

文／調みくに

聖書は新共同訳／《》は聖書協会共同訳

聖書箇所

ヨハネによる福音書 1 章 29 節〜 34 節

暗唱聖句

この方こそ神の子である

《この方こそ神の子である》

（ヨハネによる福音書 1 章 34 節）

聖書解説

このヨハネによる福音書のメッセージを一言で言うなら「イエスこそ神の子である」ということです。ヨハネ福音書の前半部分は、この世におけるイエスさまの活動が描かれています。バプテスマのヨハネの言葉をとおして、ヨハネはキリストではなく、イエスさまこそが世の罪を贖《あがな》う神の小羊であることを学びます。イエスさまが現れたと同時期に、ヨルダン川で活動していたのが、バプテスマのヨハネです。彼は「天の国は近づいた」と人々に語り、従来の生き方を改める必要性を人々に警告し、バプテスマを授けていました。バプテスマのヨハネの活動等については、マタイ3章、マルコ1章、ルカ3章にも触れられていますのでお読みください。

ヨハネはユダヤ人の問いに、自分はキリストでもエリヤでも、預言者でもなく「荒れ野で叫ぶ声」（1・23）である、と答えます。ヨハネは、自分の役割が、自分のあとに来るイエスさまの道備えであることをしっかり自覚していました。人々がヨハネを救い主と間違えそうな時にも、ヨハネの答えた言葉に謙遜さが伺えます。ヨハネはまったく自分の宣伝効果は考えず、自分をいずれ消えていってしまうような「荒れ野で叫ぶ声」だというのです。そして、人々をイエスさまと出会わせていきます。

ここで（1・29〜34）、イエスさまは一言も発しておられません。ただバプテスマのヨハネによって、「見よ、神の小羊」と受身的に指差されるだけです。消極的なイエスさまというように捉えられるかもしれませんが、ここではバプテスマのヨハネの「イエスさまこそわたしたちの罪を取り除かれる方」という告白が、何も語らないイエスさまを引き立てるのです。

神の救いをもたらす「小羊」というイメージは、旧約聖書にたびたび出てきます。イスラエルの民がエジプトから解放される時、その国を襲った神の災いから逃れるために、それぞれの家の玄関の柱に「小羊」の血が塗られ、主の霊が過越《すぎこ》されるのを待ちました（出エジプト12章）。今もイスラエルの人たちはこれを記念し、「過越《すぎこし》の祭り」として祝っています。また、ヨハネ19章14節にあるように、イエスさまが十字架にかけられたのは、過越の祭りの準備の日だったとされています。この日には、小羊をほふります。イスラエルの民が小羊によって滅びから免れたように、この世の一人ひとりが負うべき罪をイエスさまによって免れたのだと、ヨハネによる福音書では語られます（1・29）。イエスさまはまさにこの小羊のように生き、人々から苦しめられ、辱められ、捨てられ、十字架で死なれました。この神の子イエスさまこそ罪と闘い、罪を克服して取り除かれる方であるとヨハネは告白するのです。33節のヨハネの言葉は、神の霊、神の力によって、人を罪から解放し、新しく造りかえるということです。わたしたちは、ヨハネの姿勢から、へりくだりと信頼、そして指差されたイエスさまに目を留めましょう。弱く、貧しい証《あか》しであっても、喜びと確信と希望をもって、小羊イエスをくださった神の約束を信じることが大切です。

＊バプテスマのヨハネとヨハネによる福音書の著者とは、別人です。

お話の例

みんなは、何が一番楽しいかな？　家族ごっこ？　怪獣ごっこ？　どろんこ遊び？楽しいね。でも楽しいことを一人でするのはどうでしょう？　一人よりは二人、二人よりはたくさんの方が楽しいですね。「そうだ！　これは楽しいから○○ちゃんにも知らせよう！」と思いますね。みんなで遊んだら、楽しさとうれしさが何倍にも広がります。

今日は、この聖書の中から（実際に聖書を見せる）、こんな話をしましょう。あら？誰かの声が聞こえます。みんなも耳をすませていっしょに聞いてみましょう。

「みなさん、神さまを忘れてはいませんか？　今日から神さまを信じて神さまに喜んでいただける生活をしましょう。」これはバプテスマのヨハネの声です。バプテスマとは、神さまを信じた人が、そのことを神さまと人々の前で言い表し、決心するものです。その頃は、川で水に浸かってしていました。ヨハネは、らくだの毛皮を着て、腰に革の帯をしめています。人々は、ヨハネが、いつも大きな声で神さまの言葉を伝えてみんなにバプテスマを授けていたので、ヨハネを「救い主だ」と思い込んでいました。

でも、ヨハネは、「いいえ、わたしは違います。救い主は、あとからちゃんと来られます」と言いました。そして少し前にヨハネは、神さまから「救い主をおくります。みんなに準備をするように伝えなさい」という声を聞いていました。ですから一生懸命に「神さまを信じてください」と、人々に言い続けました。

今日もいつものように、ヨハネの声が聞こえます。すると、ヨハネの顔がハッとして、遠くを指差しました。「みなさん、見てください。この方こそ、みんなの罪をとってくださる神さまの小羊です」と言いました。さて誰がきたのでしょう。それはあのイエスさまでした。ヨハネは、イエスさまが来る準備をしていたのです。

でも、小羊って？　メエメエ？　なんでイエスさまのこと、小羊って言ったのでしょうね？

昔、イスラエルの人々は、エジプトの国で奴隷として働かされ、苦しい思いをしていました。神さまはイスラエルの人々を助けるため災いをくだしました。災いとは、家で最初に生まれた子どもを死なせるということでした。イスラエルの人々は、神さまの災いから逃れるために、それぞれの家の玄関の柱に「小羊」の血を塗り、神さまの霊が過越されるのを待ちました。こうして、小羊の血を塗ったイスラエルの人の家の子どもの命は守られたのです。

イエスさまは、この小羊と同じように、すべての人を助けるために、十字架の上で血を流して死んでくださいました。ですから、ヨハネはイエスさまを見て、「見よ、神の小羊」と言ったのです。イエスさまは、わたしたちの命を守ってくださいました。それだけわたしたちを愛してくださっているのです。

ヨハネは、大好きな神さまやイエスさまのことを、うれしくてたまらなくて、みんなにお知らせしたかったのです。一人ではなく、みんなといっしょに喜びたかったのです。さあ、わたしたちは、何てイエスさまのことを言い表しますか？

見よ、神の小羊だ

文／調みくに

聖書は新共同訳／《 》は聖書協会共同訳

聖書箇所

ヨハネによる福音書 1 章 35 節～ 42 節

暗唱聖句

イエスを見つめて、「見よ、神の小羊だ」と言った。二人の弟子はそれを聞いて、イエスに従った。

《イエスが歩いておられるのに目を留めて言った。「見よ、神の小羊だ。」二人の弟子はそれを聞いて、イエスに従った。》

（ヨハネによる福音書 1 章 36 節～ 37 節）

聖書解説

わたしたちは、「いったい何を求めて生きているのか」という疑問をもつことがあるでしょう。この箇所では、イエスさまに従おうとする気持ち、また真のうれしさを分かち合うことが問われているのではないでしょうか?

この箇所の少し前のところに、バプテスマのヨハネによる告白があります。バプテスマのヨハネの言葉をとおして、彼はキリストではなく、イエスさまこそが世の罪を贖《あがな》う神の小羊であることが分かります。今一度、バプテスマのヨハネが自分から他に注意を向けさせています。ヨハネが弟子たちにイエスさまのことを語るのは、弟子たちに自分のもとを去り、神の小羊イエスさまに従えと促《うなが》しているのです。バプテスマのヨハネは、このイエスさまの道備えをしていたのです。

35節以下には、主イエスのもとに最初の弟子たちが集められてくるようすが記されています。イエスさまは、「何を求めているのか」と問われました。ヨハネの二人の弟子の答えは、「どこに滞在しているのか」というものでした。彼らは、ただ単に立ち話でイエスさまとの出会いを求めていたのではなく、イエスさまと長い時間をさいて語りたかったのです。

39節、イエスさまの答えは「来なさい」というものでありました。そこで彼らは、イエスさまに従っていきました。出会いが起こります。「午後四時ごろのこと」とあるのは、彼らのあまりにもうれしい出会いを、筆者が印象深く感じ取ったことのあらわれです。38節の「ラビ」とは、本来はユダヤ教の学者や教師たちに対する称号です。しかし、後に彼らの口からでたのは「ラビ」ではなく、「メシア」でした。彼らは「メシア」に出会ったのです。

こうしてイエスさまの弟子となった二人のうちの一人は、アンデレです。アンデレはシモンの兄弟で、漁師でした。アンデレはシモンをイエスさまのところに連れてきます。アンデレは他の人をイエスさまのもとに連れてくるのが大きな喜びでした（ヨハネ6章、12章）。それは彼自身がイエスさまと出会い変えられたからです。

42節のところでは、シモンにペトロという名前が与えられます。この当時古代世界においては、人々は二つの名前をもっていました（ケファは「岩」を表すアラム語、ペトロも「岩」を表すギリシャ語）。そしてまったく無名であった漁師シモン（ペトロ）は、この後、初代教会を担う大切な弟子となります。

イエスさまの弟子たちが集められる一連の記事の中で、「見る」という言葉、あるいは「見る」と関連する言葉が頻繁に用いられています。イエスさまがまず弟子たちを振り返られ、歩み寄られます。イエスさまの方からわたしたちに出会ってくださろうとしていることが分かります。

イエスさまとの出会いからさらなる出会いに動かされる記事を、わたしたちも読みましょう。

お話の例

「こんなお友だちに会ったんだよ。こんど○○ちゃんもいっしょに遊ぼうね。」誰かと会って遊んだうれしいことって、違うお友だちにも伝えたいですね。

今日は、イエスさまに出会った人たちが、あまりのうれしさにお友だちをイエスさまのところに連れてきたお話です。

バプテスマのヨハネさんは、イエスさまが来る準備をしていました。ある時ヨハネさんは、二人の弟子たちといっしょにいました。そのヨハネさんが、イエスさまのことを指差して言いました。「見てください、わたしたちの悪い心をとってくださる神さまの小羊です」と。

ヨハネさんは、イエスさまのことを二人に伝えたかったのです。この二人のうちの一人は魚をとる仕事をしているアンデレさんです。二人は、イエスさまのあとについていきました。

すると、イエスさまは、後ろを振り返って二人の人がついてくるのを見ました。そして「何がほしいのですか？」と言われました。

二人は「先生、どこに今日泊まられるのですか？」と聞きました。イエスさまが泊まられるところに行って、ぜひお話が聞きたいと思ったのです。

イエスさまは、「来なさい。そうすれば分かります」と言われました。

さあ二人は、イエスさまについて行きました。そして、イエスさまといっしょに泊まりました。イエスさまからたくさん神さまのお話を聞きました。そして、イエスさまが神さまの子どもであることに気づきました。

イエスさまと出会ったことがあんまりうれしくてアンデレさんは、このあとどうしたと思いますか？

アンデレさんは、まず自分の兄弟のシモンさんに言いました。「ねえ。イエスさまに出会ったんだよ。神さまの国の話をたくさん聞いたんだ。イエスさまは、神さまの子だよ。今からいっしょにイエスさまのところに行こう。」

こうしてシモンさんもイエスさまに会うことができました。アンデレさんたちが喜んだように、シモンさんもとっても喜びました。

イエスさまに出会ったうれしさと喜びがどんどん人に伝わりました。まずバプテスマのヨハネさんは、イエスさまのところにアンデレさんともう一人を連れてきました。アンデレさんは、シモンさんをイエスさまのところに連れていきました。そしてシモンさんもこのあと、イエスさまのところにお友だちを連れてきます。たくさんの人がイエスさまと出会っていきます。すごいですね。

このお弟子さんたちは、この後どこへ行くにもイエスさまといっしょでした。そして、いつもイエスさまから神さまのことを聞いて、そのうれしさを広げようと、今度は別の人にイエスさまのことを伝えていきました。お弟子さんたちが伝えてくれたことが広がって、今、みんなもイエスさまのことを知っていますよ。

みんなはイエスさまと出会ったことを、次は誰に伝えに行きますか？

カナの婚礼の奇跡

文／調みくに

聖書は新共同訳／《 》は聖書協会共同訳

聖書箇所

ヨハネによる福音書 2 章 1 節～ 11 節

暗唱聖句

イエスは、この最初のしるしをガリラヤのカナで行って、その栄光を現された。

《イエスは、この最初のしるしをガリラヤのカナで行って、その栄光を現された。》

（ヨハネによる福音書 2 章 11 節）

聖書解説

これはイエスさまの最初の奇跡物語です。ガリラヤのカナという町は、イエスさまが長年住んでいたナザレからさほど遠くない町です。当時の結婚のお祝いは、すべての親類、友人知人が招かれて、1～2週間にも及んだと言われています。このカナの結婚式には主イエスさまと弟子たち、そしてイエスさまの母マリアも招かれていました。その披露宴で、こっそりとマリアはイエスさまのもとにやってきて「ぶどう酒がありません」と言いました。予想以上に速いペースでぶどう酒がなくなっていったからです。給仕に当たるものたちは途方に暮れています。当時、結婚式の披露宴に出す飲み物や料理は、すべて花婿側が用意することが常識でした。万全の準備をして結婚式に臨んだにもかかわらず、ぶどう酒がなくなってしまったのです。宴会のにぎやかさに反し、裏方は大きな不安の中に陥っていたのです。いざという時、何を語るのかが問われます。マリアは必要を、自分たちの不足を単刀直入に訴えたのです。イエスさまがその必要に応えてくれると信じて。その後、不安と恐れのよぎる空気の中で、マリアは召し使いたちに言いました。「あの方が言われることを、何でもしてあげてください。」そしてイエスさまが水を満たせと命じられたので、彼ら／彼女らは水がめに水を満たしました。そしてその水を宴会場に持っていったところ、いつの間にか水がぶどう酒に変わっていたのです。不思議な出来事です。どうしてそうなったのかを追究することはできません。しかし、はっきりしていることは、主はご自分に求めてきた人々の必要に応え、応えるだけではなく、この結婚式のために、「はじめは良いぶどう酒を出すものだが、あなたはあとになってもっと良いぶどう酒を出した」と、花婿が讃えられるように、人々の誉れをこの花婿に贈ったのです。水がぶどう酒に変わったという奇跡よりも、その日からこの場にいた人々がイエスさまを信じ、たましいの扉を開いたということに注目します。ここには「イエスさまなら必ず何とかしてくれる」という主の言葉に対する絶対的な信頼があります。このマリアの信仰は受胎告知の場面（ルカ1章）においてすでに見られるものです。

また召し使いたちの姿はどうだったでしょう。イエスさまの命令は「水がめに水をいっぱい入れなさい」というものでした。今、必要なのはぶどう酒であって水ではありません。「何のために?」という疑問が生じてもおかしくない状況で、召し使いたちは重労働（それぞれが約100リットル入りの水がめに水をくむ）を命じられたのです。しかし召し使いたちは黙して従い、手を抜くことなく「かめの縁まで」水を満たしたのです。このていねいな仕事ぶりからイエスさまへの彼ら／彼女らの従順さが見えます。イエスさまは助けを求め、自分の弱さ、力のなさ、足りなさを認める者に対して、その必要を満たしてくださる方です。イエスさまが求めておられるのは、ただ信仰をもって水をくむというお言葉に対する従順さであります。わたしたちも「わたしのぶどう酒がありません」と心から願いたいと思います。イエスさまが、願い求める者に特別の恵みをもって応えてくださることを、子どもたちとも分かち合ってください。

お話の例

パンパパパーン　パンパパパーン。さて、これは何の写真でしょう？（子どもたちの知っている人の結婚式の写真を見せます）そう、結婚式ですね。○○さんの結婚式の写真です。すてきですね。結婚式ってとってもうれしいですね。なんだか聞いただけで喜びがいっぱいになります。結婚式のごちそうってどんなものがあるかな？　ケーキにジュースにお肉にフルーツいっぱいですね。うれしい結婚式のために心をこめてみんなが準備をします。

（聖書を開いて）さて、この聖書の中にもそんなうれしい結婚式のお話が書いてあります。さあ、みんなで今日はその結婚式に行ってみましょう。

　ここは、ガリラヤのカナという町です。町中なんだかウキウキしています。今日はこの町で結婚式があるからです。イエスさまもお弟子さんも、招かれていました。イエスさまのお母さんのマリアさんもお手伝いをしています。テーブルにはたくさんのごちそうと、おいしいぶどう酒が出されています。みんなが心をこめて長い時間をかけて準備しました。その家はたくさんの人であふれています。みんなのうれしい声が聞こえてきます。

　ところが、大変です。大切なぶどう酒が足りなくなってしまいました。台所では、みんな困っていました。「困ったなあ、どうしよう。」イエスさまのお母さんマリアさんは、すぐにイエスさまのところに行って、このことを伝えました。イエスさまなら何とかしてくださると思ったのです。そしてお手伝いをしている人たちに、「この方の言うことに従ってください」と言いました。

　すると、イエスさまは人々が手や体を洗うために使う大きな水がめに水をいっぱい入れるよう言いました。それは6つの大きな大きな水がめです。せっせとお手伝いさんたちは、水をいっぱいにくみました。疲れたでしょうね。でもイエスさまに従って一生懸命水をくみました。

　さてさてこのあと、不思議なことが起こりました。お手伝いさんが水がめを結婚式のお世話係に持っていきました。そしてその人が水をなめてみると（指で水をなめるしぐさをする）、なんとそれはとってもおいしいぶどう酒になっていたのです。そしてこの何も知らないお世話係の人は、花婿さんを呼んで、「すばらしい、最後までこんなおいしいぶどう酒を用意しているなんて」と誉めました。

　よかったですね。こうしてみんなが準備した結婚式には、最後まで笑い声が聞こえていました。またイエスさまのなさった奇跡を見た人々は、びっくりしただけではなく、イエスさまが、神さまの子どもであり、特別な力があることを知りました。そして、イエスさまを信じるようになったのです。

　イエスさまは、いつでも「イエスさま」と呼ぶ声を待っていてくださいます。イエスさまは、マリアさんの声に応えた時のように、わたしたちの力になってくださいます。そしてお手伝いさんがイエスさまの言葉に従ったことを喜んだように、わたしたちのことも喜んでくださっています。心配でいっぱいの心を、喜びの心に変えてくださるイエスさま、ありがとう。

イエスさまを受け入れる人に

文／調みくに

聖書は新共同訳／《》は聖書協会共同訳

聖書箇所

マタイによる福音書 10章40節～42節

暗唱聖句

この小さな者の一人に、冷たい水一杯でも飲ませてくれる人は、必ずその報いを受ける。

《この小さな者の一人に、冷たい水を一杯でも飲ませてくれる人は、必ずその報いを受ける。》

（マタイによる福音書 10章42節）

聖書解説

子どもたちが、「イエスさまってやさしいな。なんだかほっとしたな」という気持ちになれるとうれしいですね。そのためにも御言葉を語り、まず語り手が御言葉からうれしくなることが大切です。子どもと共に〈いのちの水〉を受け、また与える者となりたいものです。

この箇所は、イエスさまが弟子たちを派遣する際になさった説教の最後の場面です。そして今や弟子たちは派遣され、人々が彼らを受け入れてくれるのを待っています。少し前の11～15節では、弟子たちが伝道に出向く先で、彼らを受け入れる人への応じ方が示されていますが、40節以降では「受け入れる」という言葉が繰り返し用いられ、特に「最も小さい者」の受け入れについて語られます。すなわち、弟子たちのことです。ここで言う「わたし」はイエスさまであり、「わたし」と「あなたがた」と「受け入れる人」という構図で書かれています。ここから弟子たちは神さまの特別な担い手として示されていることが分かります。弟子たちは伝道者として神の言葉を携えて語るとても大切な働きを担っています。神の業《わざ》を担っているとも言えます。「受け入れる」とは、単に喜び迎え入れるだけではなく、弟子たちの語る言葉を信じ、それによって巻き起こる危険、非難や迫害をも引き受け、受け入れることでもあります（23節）。

さらにイエスさまは弟子たちに「明るみで言いなさい」（27節）と言います。ここには福音書記者の教会の状況がはっきりと示されているように思います。当時の教会では、預言者や正しい者（直訳：義人）が職務としており、イエスさまの語った言葉を語り伝えて、各地の教会を巡って神さまのことを伝えていたことでしょう。その行き先では時に迫害を受けたこともありました。

弟子たちはイエスさまに倣《なら》い、無一文であったことも分かります（10・9）。各地を巡り歩くとき、彼らを受け入れてくれる人々がいない場合、時には水一杯も飲めない状況がありました。当時のパレスチナ地方では、水は貴重なものでした。しかし人々が弟子たちを「わたしの弟子だという理由」で「受け入れ」、一杯の水を差し出すときに、この者は「報い」すなわち祝福を受けると、イエスさまは明言されます。業績を問うのではなく、このわずかな行為、〈水一杯を差し出す〉ことが神の前では忘れられないということです。ここで忘れてはならないのは、〈わたしの名のゆえに〉というところです。〈イエスさまゆえに〉ということです。弟子たちは〈イエスさま〉のゆえに、この無一文の伝道を続けます。それはイエスさまといういのちの水を弟子たちがいただいているからでしょう。

弟子たちの言葉を受け入れることはイエスさまを受け入れることであり、イエスさまを受け入れることはイエスさまを遣わされた神さまを受け入れることになるのです。

お話の例

「あーもうダメ。のどがカラカラだよ。なにか飲み物ちょうだいよ」こんなことありませんか？　そんな時に「はいっ」って、水を差し出してもらえると、うれしいですね。とくにのどが渇いているときに飲むお水は最高です。のどが渇くばかりではなくて、心が渇くっていうこともあるのですよ。心が渇くというのは、なんだか寂しくて物足りなくて悲しい気持ちになることです。また、どうしていいのか分からない気持ちになることです。

イエスさまって不思議なお方ですよ。だって、わたしたちの心が渇いているときに、「はい、どうぞ」とお水をくれるのですよ。そのお水で、わたしたちの心は元気になります。イエスさまの言葉で元気になるのです。もしかしたらイエスさまってわたしたちのための〈歩く水道〉かな？

それでは今日は、そんなイエスさまのお弟子さんのお話をしましょう。

イエスさまのお弟子さんは、12人いました。このお弟子さんたちの中には漁師さんやお医者さん、そしてお金を集める仕事をしている人（徴税人）もいました。みんなお仕事をやめて、イエスさまに従ってついてきました。お弟子さんたちはイエスさまのお手伝いをして、旅をしながらいろんな町へ行って神さまのことを伝えていました。

みんなら旅行をするとき、いろいろな物を持っていくでしょ？　でも、イエスさまのお弟子さんたちは、何も持たずに旅に行きました。えっ？　水筒やお弁当も？　着替えのパンツも？

そうです。お弟子さんたちは何も持たずに、ただイエスさまから教えてもらった神さまの言葉だけを持って旅に出ました。旅は楽しいことばかりではありません。大変な旅でした。のどがカラカラになってもお水を飲めなかったり、お腹がペコペコになったり、また泊まる所がないときもありました。そんなに大変な思いをしても、お弟子さんたちはイエスさまが言われた通り、神さまのことを伝えました。それは「イエスさまが一緒にいてくださる」ことを信じていたからです。だから安心してお弟子さんたちは旅を続けることができたのです。

「どうぞ家に来てください」、「どうぞイエスさまのお話をしてください」と言われると、うれしくてたまりません。お弟子さんたちは招いてくれたお家で、神さまの言葉を伝えました。そして冷たい水を飲んで、さらにごはんも食べることができました。コップ一杯の水はとってもおいしかったでしょうね。でもね、お弟子さんたちよりももっともっと、お水をあげた人の方がうれしくなって元気になったんだって。どうしてでしょう？　お弟子さんたちからイエスさまのことを聞いて、神さまの言葉を聞いて、カラカラの心の中にイエスさまからの水が入ったからです。

お弟子さんたちはイエスさまのお手伝いをしています。このお弟子さんたちに水1杯でも「はいどうぞ」と出した人も、イエスさまのお手伝いをしたのです。たとえ水1杯でも、神さまの祝福（喜び）が、いっぱいあふれます。「おいしいお水ありがとう」、「イエスさまのお話ありがとう」という声が聞こえてきそうですね。わたしたちもイエスさまのお水をいっぱい飲んで元気になって、お友だちに分けてあげたいですね。お弟子さんは神さまの言葉を守る人です。みんなもお弟子さんになれるのですよ。なんだかうれしくなってきましたね。

イエスさまの招き

文／調みくに

聖書は新共同訳／《 》は聖書協会共同訳

聖書箇所

マタイによる福音書 11 章25 節～ 30 節

暗唱聖句

疲れた者、重荷を負う者は、だれでもわたしのもとに来なさい。

《すべて重荷を負って苦労している者は、私のもとに来なさい。》

（マタイによる福音書 11 章28 節）

聖書解説

もうどうしようもないと思ったとき、重荷を抱えたとき、みなさんはどのようにしますか?

25～27節は、イエスさまの父なる神への賛美であり、祈りです。このとき、ガリラヤの町でのイエスさまの伝道はいっこうに成果が得られませんでした（11・20～24）。伝道の挫折に直面しても、イエスさまは神を賛美します。苦しい中での賛美、祈りです。順調にいっているときだけではなく、挫折したり絶望したりしたときでも賛美することの大切さを、わたしたちに教えてくださっているのではないでしょうか。

さて「知恵ある者や賢い者」（25節）とは、イエスさまの教えに心を開くことのできなかったユダヤ教指導者たちを指し、「幼子《おさなご》」とは、イエスさまを受け入れる信仰を指します。イエスさまをとおして父なる神の御心を知る以外に道はないのです（27節）。

イエスさまは、わたしたちに父の御心を示すことを喜びとし、さらに「すべて重荷を負うて苦労している者は、わたしのもとに来なさい。あなたがたを休ませてあげよう」と私たちを無条件に招いてくださいます。これは単に休息をわたしたちに与えるばかりではなく、元気にさせてくださるという意味です。

イエスさまは十字架の死に至るまで柔和でへりくだった方でした（フィリピ2・6～7）。神の御子であるにもかかわらず、わたしたちのところまで来てくださいました。そしてどんな人にも耐えることのできない重荷を負う経験をされました。それが十字架の出来事です。わたしたちのために十字架を負い死んでくださったのです。このイエスさまがわたしたちと共にいてくださるのです。「軛《くびき》」とは、牛や馬が畑ですきを引くときや荷物を引っ張るときに首につける道具のことです。たいていの場合、2頭でこの軛をつけて荷物などを引っ張ります。〈主の軛〉とは、わたしたちの赦しのために、主イエスが担われた十字架のことです。イエスさまは、わたしたちの重荷を負ってくださいます。本当に荷物を持っているのはイエスさまですから「わたしの軛は負いやすく、わたしの荷は軽い」（30節）のです。ここではイエスさまがすでに負っていてくださる軛をわたしたちも担うのです。

〈イエスさまの軛〉に引かれていくとき、魂に休みが与えられると約束されます。そのために、「わたしに学びなさい」と、イエスさまは言われます。イエスさまに学ぶとはイエスさまに倣《なら》うことです。どのようにわたしたちが他者と関わり、他者の痛みを負うことができるでしょうか？ そのことが、わたしたちに問われています。御言葉はわたしたちの飢え渇いた魂に平安を与えます。休ませてくれます。〈わたしだけ〉の軛を重く感じるのではなく、イエスさまが共にいて重荷を担ってくださることに感謝し、さらに〈他者へ〉と開かれていきたいと思います。

お話の例

「まねっこ遊び」って知っているかな？　何でも真似する遊びです。ウサギになったり、ゾウになったり、ライオンになったり、ネコになったり……。今日の「まねっこ遊び」は、イエスさまの真似をすることです。

みなさんは疲れたなあ、苦しいなあと思うときがありませんか？　疲れたり、悲しかったりすると、なんだか体中が重い気がしますね。背中に重い重い荷物を背負っているみたいです。そして「ハアー」とためいきをつきます。涙が出てきて元気がなくなってしまいます。

さあどうしましょう？　なんだか悲しくなってきましたね。でも大丈夫！　うれしいことがありますよ。だってイエスさまがいつも一緒にいてくださるのですから。わたしたちが疲れたなあと思っているときにはね。例えばわたしたちのリュックサックに入っている悲しみや苦しみという重い重い荷物を、イエスさまも一緒に持っていてくださるのです。

イエスさまのことをお話ししますね。

イエスさまはね、わたしたち人間の〈罪〉っていう悪い心のためにとっても悲しまれました。そして、そのわたしたちの悪い心のために十字架にかかって、くぎを打たれ、鞭で打たれ、死んでくださいました。わたしたちの罪（悪い心）という荷物を背負って死んでくださいました。ここにいるわたしたち一人ひとりのためにですよ。そしてその後、三日目によみがえられました。これはみんなもよく知っているイースターです。そしてそのイエスさまがわたしたちと一緒にいてくださいます。

今もイエスさまはわたしたちの重い重い荷物を一緒に持ってくださいます。わたしたちは一人で頑張らなくてもいいのです。一人で荷物を持っていないのですから、荷物はとっても軽いのです。イエスさまは、疲れた人や重い荷物を背負っている人に「おいでおいで」って呼んでくださっています。「わたしのところで休みなさい」と声をかけてくださっています。イエスさまのところに行くと、元気になります。本当の休みになります。ホッとして安心します。「イエスさま、ごめんなさい」、「イエスさま、ありがとう」とまず言いましょうね。

またイエスさまは「私に学びなさい」とも言われました。「学びなさい」というのは勉強しなさいということではありません。「私の真似をしなさい」ということです。イエスさまの真似？　あれっ？　まねっこ遊び？　さて、イエスさまの真似ってどうするのでしょう？　イエスさまの真似をする前に、まずイエスさまを知らないといけませんね。イエスさまってどんな人かな？

イエスさまは寂しい人や悲しんでいる人を助け、いつも神さまの言葉に従っていましたね。またわたしたちの悲しくて苦しい重い荷物をいっしょに持ってくださる方ですね。

さて、これからイエスさまのまねっこ遊びをしましょう。イエスさまのそばに行って、イエスさまってどんな人かな？　イエスさまってどんなことをしたのかな？　とよく知ってくださいね。そうそうこの聖書の中には、イエスさまのことがいっぱい書いてありますよ。

さあお友だちと一緒に、イエスさまの「まねっこ遊び」を始めましょう。

＊実際にリュックサックなどに「くるしみ」「かなしみ」という紙を入れて、子どもたちに見せながら話してみましょう。

五つのパンと二匹の魚

文／調みくに

聖書は新共同訳／《 》は聖書協会共同訳

聖書箇所

マタイによる福音書 14 章 13 節～ 21 節

暗唱聖句

すべての人が食べて満腹した。そして、残ったパンの屑を集めると、十二の籠いっぱいになった。

《人々は皆、食べて満腹した。そして、余ったパン切れを集めると、十二の籠いっぱいになった。》

（マタイによる福音書 14 章 20 節）

聖書解説

どうも満たされない、上手くいかないという経験、またはどうしていいか分からず、ただ呆然と立ち尽くしたという体験はありませんか？　子どもたちの中にもきっとそのような体験をした人がいるのではないでしょうか。イエスさまはわたしたち一人ひとりの心を「パンで満腹になった」ように満たされ、しかもあふれるばかりにしてくださるお方です。子どもたちにとってこの出来事は摩訶不思議、それでいて心に残るものとなるはずです。

今日の箇所の直前には洗礼者ヨハネが殺されてしまうという記事があります（マタイ14・1～12）。洗礼者ヨハネの悲運な死を聞いてイエスさまが悲しまれます。そしてイエスさまはヘロデの恐怖から避難するために群衆を避けて舟に乗り、荒れ野に退かれようとします。しかし、群衆はどこからかイエスさまの情報をキャッチし、イエスさまの姿を求め、方々の町から続々と押し寄せます。浜辺には、女と子どもを別にして男が5千人いたとありますから、想像を絶する群衆がイエスさまを追いかけていたのでしょう。イエスさまは舟の上から群衆を見つめ、深いあわれみを持ちます。そしてイエスさまを慕ってくる群衆に深く心を痛め、舟から降りられ、彼らに近づき、彼らの苦しみを取り除き、多くの病人を癒されます。

その後、夕暮れになり、弟子たちは「時間ももうたちました。群衆を解散させてください。そうすれば、自分で村へ食べ物を買いに行くでしょう」とイエスさまを促します。弟子たちは大勢の群衆を見て、どうしてよいのか分からず途方に暮れます。そして手元にあったパン五つと魚二匹を持ち、多くの群衆を見ながら、ただ呆然としていたことでしょう。しかしイエスさまは、その今ある食べ物を持って来させ、群衆を草の上にすわらせます。そして感謝の祈りをし、パンを裂いて、弟子たちをとおして民衆に分け与えられます。

イエスさまはこの時、十字架への途上にありました。しかし「その時」が来るまで、神さまを宣べ伝える働きを続けます。死が迫る中でのイエスさまの「パンを裂き分け与えた」行動は「最後の晩餐」のことを想起させます。まさにこれから十字架の道への受難が始まるのです。こうしてこの日の浜辺での夕食はイエスさま御自身の受難を予測しつつも、イエスさまは飢え渇いている群衆にパンを与え彼らを満腹させるのです。弟子たちはただイエスさまの言葉に従います。またここではイエスさまの手からではなく、弟子たちの手からパンが群衆に分け与えられたということが強調されています。イエスさまは飢えている人たちがいても、弟子たちがいるから大丈夫だと言われるのです。このあと、すべての人が食べて満腹し、残りは十二の籠にいっぱいになりました。イエスさまのもとで貧しさが豊かさに変えられていきました。このことを共に喜びたいと思います。

お話の例

　ここは湖の近くです。イエスさまは舟に乗って、一人で人がいない静かなところに行こうとしています。ところが、です。湖の岸のところには、イエスさまに会ってみたい、イエスさまのお話を聞きたいという人がたくさん集まっていました。イエスさまがどこにいるのかを、どこからともなく探し出して、イエスさまのあとを次から次へとついていきました。おじいさんやおばあさん、お兄さんやお姉さん、そして子どもや赤ちゃんまで、それはそれはたくさんの人です。「イエスさまってどんな人かな?」、「イエスさまに病気を治してもらいたいなあ」と、おしゃべりが聞こえてくるようです。

　イエスさまは舟の上から、たくさんの人々が集まってくるのを優しい目で見ていました。そして舟から降りて、みんなのところに来てくださいました。そして病気の人を一人ずつ、言葉をかけ、手でやさしく触りながら治してくださいました。

　夕方になり、辺りは少しずつ暗くなってきました。「グーキュルキュル。」あら?　みんなそろそろお腹がへってきたようです。お弟子さんたちがイエスさまのそばに来て言いました。「イエスさま、この辺は何もないところで時間も遅くなりました。みんなを帰らせてください。そしたらみんな、自分たちで夕ごはんを準備しますから」と。ところが、イエスさまは「みんなを帰らせなくともよい。あなたがたがみんなに食べ物をあげなさい」と言われました。お弟子さんたちはびっくりしてキョトンとしています。だって、お弟子さんのところにはパンが五つと魚が二匹しかなかったのです。イエスさまはまた言いました。「そのパンと魚を持ってきなさい」と。

　お弟子さんたちは何が起こるのかとポカンとしながらも、イエスさまの言われる通りにしました。イエスさまはたくさんの人々にむかって「みなさん草の上にすわりなさい」と言いました。そこには5千人以上の人たちがいました。みんなは息をのんで、イエスさまが何をするのだろうとジーッと見ています。するとどうでしょう。イエスさまは五つのパンと二匹の魚を手に取り、天をあおいで、「神さま、ありがとう」とお祈りをしました。そしてパンをちぎってお弟子さんたちに渡しました。さあ、どうなったと思いますか?　お弟子さんたちは人々にイエスさまからたった今受け取ったパンを渡し始めました。みんなの「ありがとう」という声が聞こえてきます。その声が大きくなってきましたよ。なんと、お弟子さんたちの手から渡されたパンは、5千人以上の人たちが満腹になったほどに増えていました。そればかりではありません。残ったパンくずも十二の籠にいっぱいになりました。最初は五つのパンだけだったのに、イエスさまからお弟子さんたちに、そして人々に渡されていく中で、パンはどんどん増えて、余りがでるほどになったのですからとっても不思議です。そしてなんだかうれしいですね。みんなで分けたパン。「ありがとう」と言いながら食べたパン。おいしくておいしくて、お腹も心もいっぱいになりました。

　神さまはわたしたちにも不思議なパンをくださっています。それは神さまの言葉です。これを御言葉と言います。食べると心の中で喜びがいっぱいになり、いつのまにかあふれそうになります。こんなすてきなパンをずうっと食べ続けていたいですね。

湖の上を歩くイエスさま

文／調みくに

聖書は新共同訳／《 》は聖書協会共同訳

聖書箇所

マタイによる福音書 14 章 22 節～ 33 節

暗唱聖句

イエスは湖の上を歩いて弟子たちのところに行かれた。

《イエスは湖の上を歩いて弟子たちのところに行かれた。》

（マタイによる福音書 14 章 25 節）

聖書解説

子どもたちが恐怖に陥ったとき、また迷子になった時、どうするでしょうか？　必死で家族や知り合い、先生の姿を探し求めると思います。不安な中、泣きながら「助けて」と大声で叫ぶでしょう。そして誰かと出会って声をかけられたとき、ホッとして、安心するでしょう。今日の箇所の出来事はそんな物語であるとも言えます。また、わたしたちへの励ましに満ちた物語でもあります。というのも、沖へこぎだした舟は教会の不安な状況を描き出しているからです。

さて、この箇所の前では、イエスさまが5千人以上の群衆にパンを分け与え、人々が満腹しました。舞台はガリラヤ。イエスさまはパンを与えたその後すぐに、弟子たちを舟に乗せ、先に向こう岸へと追いやるように行かせます。そして群衆を解散させてから、祈るために山へ一人で行かれました。

弟子たちの舟はもう数百メートルも陸から離れており、逆風のために荒波に悩まされ右往左往します。弟子たちの多くはガリラヤ湖の漁師であったのですから、天候や舟の操作については長年の経験で熟知していたはずですが、今やイエスさまの乗っていない舟の上で弟子たちは不安を感じていました。夜が明けるころ、イエスさまは湖の上を歩いて、不安に恐れおののいている弟子たちのところへ行かれます。しかし弟子たちはイエスさまを幽霊だと勘違いし、恐怖を倍増させ、恐怖のあまり声にならない叫び声をあげます。そんな弟子たちを見て、イエスさまはすぐに声をかけられます。「安心しなさい。わたしだ。恐れることはない。」（27節）と。どんなに弟子たちはホッとし、心から安心したことでしょう。ここでの「私だ」というイエスさまの言葉は単に弟子たちをイエスさまに気づかせるものではなく、「わたしだ。神であるわたしだ」ということをも含みます。

さらにペトロは「もしあなたでしたら……」（28節）と水の上を歩いてイエスさまの所に行こうとします。ペトロはイエスさまの「来なさい」という言葉を聞くのですが、強風が吹くとまた怖くなり、イエスさまを見ることをせずに風の方が気になり、沈みそうになって慌てて叫びます。イエスさまはすぐに手を差し伸べペトロを助け、舟に乗り込みます。すると風はピタリとやむのです。

その後、ペトロと一切を見ていた弟子たちは「あなたこそ神の子です」と信仰告白をします。イエスさまはペトロを「信仰の薄い者よ、なぜ疑ったのか」と叱りつつも、すぐに「主よ、助けてください」というペトロに手を差し伸べられ、助けられました。わたしたちが苦しみや恐怖を感じ、悩んでいるとき、わたしたちもつい、ペトロが強風に目を向けたようにまわりのものに気がとられ、不安に襲われることがあります。しかしイエスさまを見続け、「主よ」と叫ぶときに、闇と嵐の中からイエスさまが声をかけてくださることに、わたしたちは励まされます

お話の例

イエスさまのまわりには、いつもたくさんの人たちがいました。今も5千人以上の人がイエスさまからパンをいただいて、満腹しているところです。イエスさまはそれからすぐ、お弟子さんたちを舟に乗せました。その後、イエスさまはそこにいた5千人以上の人たちを家に帰らせました。そして、いつものように一人でお祈りをするために山へ登られました。こうしてイエスさまは、神さまとお話をする時をいつも大切にしていました。

さて、先に舟に乗ったお弟子さんたちはいったいどうしているのでしょうか。

ザザーッ。ザザーッ。ピューピュー。風が強く吹いています。お弟子さんたちは大丈夫でしょうか？　あっ！　見えました。お弟子さんたちが乗った舟は、岸からずっと離れています。どうやら風がビュービュー吹いていて、困っているようです。

お弟子さんたちの中には、魚をとる漁師をしていた人もいました。いつも魚をとっていたので、天気が悪くなったり今のように風が吹いて嵐の時にはどうすればいいか、分かっているはずです。でも今はイエスさまがそばにいないので、ただただみんなどうしていいか分からず怖がっています。「あー、どうしたらいいのだろう」、「怖いよう」、「助けてー」とブルブルふるえています。

すると、むこうからイエスさまが湖の上を歩いて、お弟子さんたちのところに来るのが見えました。みんな目をこすって、何度も何度も見ました。「あっ、幽霊だ！」、「キャー」と今度は、イエスさまを見て怖がって大きな声をあげました。イエスさまはすぐにお弟子さんたちに声をかけました。「大丈夫だよ。安心しなさい。わたしですよ。怖がらないでいいですよ」と。どんなにお弟子さんたちはホッとしたことでしょうね。

すると、お弟子さんの一人ペトロがイエスさまに言いました。「主よ、もしイエスさまでしたら、わたしに水の上を歩かせてそちらに行かせてください。」イエスさまはペトロに言われました。「来なさい」と。そこでペトロは舟から降りて水の上を歩いて、イエスさまの方に歩き出しました。一歩、二歩、三歩、四歩……。その時、ビューと強い風が吹いていることに気がついたペトロは、突然足がブルブルとふるえて怖くなりました。そのとたん、おぼれそうになりました。そして「主よ、イエスさま、助けてください」と叫びました。イエスさまはすぐにペトロに手を差し出してくださり、「信仰の薄い者よ、なぜ疑ったのか」と言われました。

イエスさまはペトロを助けてくださり、舟に乗り込みました。今まで吹いていた風は、ピタッと止まり、あたりはシーンと静かになりました。舟の中にいたお弟子さんたちは、ずうっとペトロとイエスさまのことを見ていました。そしてイエスさまにむかって「本当にあなたは神さまの子です」と言って、イエスさまを信じました。

さて、ペトロさんはどうしておぼれそうになったのでしょうね。イエスさまにむかって進んでいるときは良かったのですが、風が吹いていることに気が付いたらたちまち怖くなったのです。何かあると、「助けてー」と叫んでしまうわたしたちですが、イエスさまを見続けることが大切なのです。

てんにまします　われらのちちよ
ねがわくは　みなを　あがめさせたまえ。

みくにを　きたらせたまえ。

みこころの　てんになるごとく
ちにも　なさせたまえ。

われらの　にちようのかてを、きょうも　あたえたまえ。

われらに　つみをおかすものを　われらが　ゆるすごとく
われらの　つみをも　ゆるしたまえ。

われらを　こころみにあわせず、
あくより　すくい　いだしたまえ。

くにとちからと　さかえとは
かぎりなく　なんじの　ものなればなり。

アーメン。

(1880年訳)

出典／日本キリスト教団 熱田教会ホームページ
https://www.atsuta-church.net/

しゅのいのり

詞　主の祈り
曲　小林　光

C
てんにましますわれらのちちよ、ねがわ
F G7 C C7
くはみなをあがめさせたまえ、みくに
F G7 C Em Am Dm
をきたらせたまえ。みこころのてんになるご
G7 C C7
とーく、ちにもなさせたまえ。われら
F E7 Am Dm G7
のにちようのかてを、きょうもあたえたま
C C7 F C
え。われらにつみをおかすものを、われ
Dm G7 C C7 F
らがゆるすごとく、われらのつみをもゆる

【執筆者】

大嶋果織（共愛学園前橋国際大学教員）

矢野由美（日本バプテスト連盟千葉バプテスト教会協力牧師）

大澤秀夫（日本キリスト教団隠退教師・鈴蘭幼稚園理事長）

河田 優（日本ルーテル神学校・ルーテル学院大学チャプレン）

小林祥人（日本キリスト教団取手伝道所）

山下智子（同志社女子大学准教授）

久世そらち（日本基督教団札幌北部教会牧師）

小林 光（日本基督教団熱田教会牧師）

調みくに（日本バプテスト連盟和歌山バプテスト教会牧師）

装画／藤本四郎

挿絵／上條滝子（P3）

本文挿絵／日本聖書協会 視聴覚部

神さまのおはなし畑 聖書解説&例話

初版発行　2023年2月1日

発行所　日本聖書協会 キリスト教視聴覚センター

〒169-0051　東京都新宿区西早稲田2-3-18

TEL 03-3203-4121

FAX 03-3203-4186

e-mail avaco@avaco.info

https://avaco.info

印刷・製本　モリモト印刷株式会社

ISBN978-4-906401-83-3　C0016